Groh
Leistungsbeschreibung und Abnahme
von IT-Anwendungssystemen

Karlfriedrich Groh

Leistungsbeschreibung und Abnahme von IT-Anwendungssystemen

HANSER

Der Autor:

Karlfriedrich Groh, Dettenhausen

http://www.hanser.de

Die Deutsche Bibliothek – CIP-Einheitsaufnahme

Ein Titeldatensatz für diese Publikation
ist bei Der Deutschen Bibliothek erhältlich.

© 2000 Carl Hanser Verlag München Wien
Lektorat: Margarete Metzger
Copy-editing: Manfred Sommer, München
Herstellung: Irene Weilhart
Umschlaggestaltung: Zentralbüro für Gestaltung, Augsburg
Satz: Anke und Martin Strübe, Mannheim
Datenbelichtung, Druck und Bindung: Kösel, Kempten
Printed in Germany

ISBN 3-446-21342-2

Inhalt

1 Einleitung

Täglich werden Hunderte, wahrscheinlich sogar Tausende von Leistungsbeschreibungen erstellt, in allen Bereichen des Handwerks und der Industrie, für Wohn- und Geschäftsgebäude, für Anlagen, Maschinen und natürlich auch für Datenverarbeitungssysteme.

Auf Fachgebieten, die nicht so jung sind wie das Computerwesen, haben sich für solche Beschreibungen aufgrund jahrzehntelanger Erfahrungen zweckmäßige Standards herausgebildet. Im Bauwesen sind es die Standards für die Beschreibung des Dachaufbaus, des Mauerwerks, der Wärme- und Schallisolation, der Fußböden und der Elektroinstallation, wie jeder weiß, der schon einmal ein Haus gebaut oder eine Eigentumswohnung gekauft hat. Die technischen Beschreibungen eines Automobils sind, unabhängig vom jeweiligen Hersteller, stets nach den Leistungsdaten für den Motor, das Getriebe und für die sonstige Ausstattung des Fahrzeugs gegliedert. Und all diese Leistungsbeschreibungen bevorzugen eine formale Art der Darstellung.

Nicht so bei den Leistungsbeschreibungen für Datenverarbeitungssysteme. Hier gibt es noch keine derartigen Standards, weder für die Leistungsmerkmale selbst noch für deren Gliederung. Jeder macht es anders, jede Beschreibung ist anders aufgebaut und die verbale Darstellungsform überwiegt. Und wenn obendrein die Leistungsbeschreibung auch noch als Marketinginstrument mißverstanden wird, das den Auftraggeber in blumigen Worten und mit verlockenden Versprechungen dazu bringen soll, einen Vertrag zu unterschreiben, dann wird die ganze Sache noch verhängnisvoller.

Wenn man dazu noch bedenkt, daß zahlreiche Projekte zur Erstellung von IT-Anwendungssystemen scheitern oder zumindest unbefriedigend enden, dann muß sich dem objektiven Betrachter der Verdacht aufdrängen, daß hier ein Zusammenhang besteht, denn niemand wird ernstlich behaupten wollen, daß Projekte zum Bau eines Schiffes, einer Raffinerie oder einer Montagestraße für Automobile weniger komplex sind als jene. Dennoch hört man so gut wie nie, daß ein solches Projekt mißlingt. Sind die Menschen, die daran arbeiten, intelligenter oder für ihre Aufgaben höher qualifiziert? Das ist kaum vorstellbar. Und was die Kunst der Führung anbelangt, so besteht diese hier wie dort ohnehin nicht etwa darin, gute Leistungen nur mit ausgewählten und hochmotivierten Top-Spezialisten zu erzielen, sondern sie mit einer Vielzahl von unterschiedlichen Menschen mit ganz unterschiedlichen Fähigkeiten zu erreichen.

Was also läuft falsch in vielen Projekten zur Erstellung von Datenverarbeitungsleistungen? Die Gründe für dieses Dilemma sind schon in zahllosen Veröffentlichungen diskutiert worden. Der eine schiebt die Schuld auf die Mitarbeiter, der zweite auf das Management, der dritte auf die Technik oder auf was auch immer und alle haben aus ihrer Sicht wahrscheinlich recht. Aber es fällt auch auf, daß kleine, gut überschaubare Projekte mit einer kurzen Realisierungszeit gegen Mißerfolge weit weniger anfällig sind als große.

Schon in der Bibel wird uns von einem gescheiterten Großprojekt berichtet: dem Turmbau zu Babel. Überheblichkeit und die „babylonische Sprachverwirrung" sollen die Gründe gewesen sein. Modern ausgedrückt heißt das, es entstand ein Kommunikationsproblem. Man mag zwar immer noch ein gemeinsames Ziel gehabt haben, aber keine gemeinsame, für alle verständliche Sprache mehr und dies scheint wohl der effektivste Weg zu sein, um ein Projekt zu Fall bringen. Darüber sollte man vielleicht einen Augenblick lang nachdenken.

Kommunikationsprobleme treten bei kleineren Projekten seltener auf. Erstens, weil weniger Menschen beteiligt sind und zweitens, weil nicht so viele Aspekte und Einzelheiten im Auge behalten werden müssen. Um es noch deutlicher zu sagen: Eine Hundehütte kann man auch ohne Leistungsbeschreibung bauen, ein Kraftwerk nicht. Aber die Datenverarbeiter sind meist jung, dynamisch und entsprechend ungeduldig. Laßt uns anfangen, sagen sie, wir haben viel Arbeit vor uns und die Zeit drängt. Außerdem tröstet man sich allzuoft mit dem Gedanken, daß später immer noch nachzuholen ist, was vorher in der Eile und Hektik versäumt wurde.

Die Gefahr, aneinander vorbeizureden, besteht immer dann, wenn die Gesprächspartner unterschiedliche Vorstellungen von bestimmten Begriffen haben und die Begriffe können nicht eindeutig sein, wenn sie nicht formal beschrieben und klar strukturiert sind.

Was bedeutet das für Leistungsbeschreibungen zur Erstellung von IT-Anwendungssystemen? Aus welchen Komponenten sollten sie zusammengesetzt sein, wie können diese Komponenten beschrieben werden und wie müßte eine Gliederung dieser Komponenten aussehen, die sich nicht nur bei der Leistungsbeschreibung selbst, sondern auch bei Änderungen des Leistungsumfangs und bei den Vorbereitungen zur Abnahme bewährt?

Auf diese Fragen soll hier eine Antwort gegeben werden.

2 Die Bedeutung der Leistungsbeschreibung

Warum ist eine Leistungsbeschreibung überhaupt so wichtig? Warum genügt es nicht einfach, zu sagen oder zu schreiben, welche Ziele man mit der Einführung eines neuen Datenverarbeitungssystems verfolgt und welche Erwartungen man damit verbindet. Etwa in der Art der folgenden Auszüge:

> „Es ist ein System zu schaffen, das eine schnelle, flexible Arbeits-
> planerstellung und -verwaltung entsprechend der Teilestruktur ermög-
> licht."

> „Das System muß den Anwender bei der Erstellung entsprechender
> Arbeitsunterlagen in der Auswahl des wirtschaftlichsten Fertigungs-
> verfahrens für ein Teil oder eine Baugruppe unterstützen."

> „Durch Kombination von Standardbausteinen, in denen Verfahren
> und Methoden hinterlegt sind, sollen Lösungen realisiert werden, die
> individuellen Anforderungen Rechnung tragen und jederzeit ausbau-
> und anpassungsfähig sind."

Als Ziele mögen solche Formulierungen ja in Ordnung sein. Als konkrete Anforderungen des Auftraggebers oder – noch schlimmer – als Zusagen des Auftragnehmers sind sie höchst gefährlich. Warum?

Weil Ziele nicht dasselbe sind wie Leistungsmerkmale. Es mag Ihr Ziel gewesen sein, ein starkes und komfortables Auto zu kaufen, mit dem Sie den unterschiedlichsten Verkehrssituationen gerecht werden und auch auf langen Strecken nicht ermüden. Aber beim Kauf müssen Sie sich für konkrete Leistungsmerkmale entscheiden: für eine ganz bestimmte Motorleistung, für ein bestimmtes Fahrwerk und für eine bestimmte Innenausstattung. Dafür zahlen Sie den Kaufpreis, auch wenn Sie Ihre Ziele in manchen Fällen damit nicht erreichen werden. Wollen und können Sie dann das Auto zurückgeben oder den Hersteller haftbar machen?

Nicht zuletzt aus diesen Gründen ist das Werkvertragsrecht im Bürgerlichen Gesetzbuch ziemlich streng abgefaßt und mißt nicht etwaigen schönen Zielen, sondern einer nüchternen Leistungsbeschreibung die alles entscheidende Bedeutung zu:

> *„Der Besteller ist verpflichtet, das **vertragsgemäß** hergestellte Werk*
> *abzunehmen, sofern nicht nach der Beschaffenheit des Werkes die*
> *Abnahme ausgeschlossen ist" (§640 BGB).*

Und falls noch jemand im unklaren darüber sein sollte, was unter „vertragsgemäß" zu verstehen ist, dann lese er bitte in BVB[1]-Erstellung, §11 Abnahme, den ersten Absatz:

> *„Entspricht die Leistung des Auftragnehmers der **Leistungsbeschreibung**, erklärt der Auftraggeber unverzüglich schriftlich die Abnahme. "*

Die Leistungsbeschreibung ist der entscheidende Bestandteil eines Vertrags, denn sie – und nur sie – enthält die Kriterien für eine erfolgreiche Erfüllung der Pflichten des Auftragnehmers.

Betrachtet man daraufhin noch einmal die oben dargestellten Auszüge aus Leistungsbeschreibungen, dann darf wohl bezweifelt werden, daß sich die Geschäftspartner anhand solcher oder ähnlicher Formulierungen darüber einigen können, ob und wann das Werk des Auftragnehmers der Leistungsbeschreibung entspricht. Leider kommt dies gar nicht so selten vor, und so ist der Grund für das Scheitern vieler Projekte in mangelhaften und unterschiedlich interpretierbaren Leistungsbeschreibungen zu suchen.

Was ist eine unterschiedlich interpretierbare Leistungsbeschreibung? Lassen Sie es mich mit einem ganz einfachen Beispiel sagen: Wenn jemand ein Fahrzeug bestellt, das vier Räder, einen Motor, eine Fußbremse und ein Lenkrad haben soll, dann kann sich der eine darunter einen Traktor und der andere einen Rennwagen vorstellen.

Dazu noch ein klärendes Wort. Ich habe nicht selten sagen hören: „Aber das steht doch im Sitzungsprotokoll vom Soundsovielten". Erstens führen die Beschreibungen von Leistungsmerkmalen in solchen Protokollen zu einer Verzettelung und damit zur Unübersichtlichkeit (das Kommunikationsproblem läßt grüßen!) und zweitens können sie im Zweifelsfall rechtlich irrelevant sein. Denn die Abnahmeprüfungen haben gegen die zum Zeitpunkt der Abnahme gültige Leistungsbeschreibung zu erfolgen und zu dieser gehören nicht etwa irgendwelche Protokolle oder Protokollteile, sondern sie besteht aus der Leistungsbeschreibung bei Vertragsabschluß und den von beiden Vertragspartnern – nicht von den Projektleitern! – unterschriebenen Änderungsvereinbarungen, auf die wir später noch zurückkommen werden.

---

[1]   BVB ist die Abkürzung für die Besonderen Vertrags-Bedingungen der öffentlichen Hand zur Beschaffung von Datenverarbeitungsleistungen.

Auseinandersetzungen als Folge unklarer Leistungsbeschreibungen werden jedoch selten vor Gericht ausgetragen. Viel häufiger sucht und findet man in solchen Fällen eine sogenannte „kaufmännische" Lösung, bei der beide Seiten Federn lassen müssen – die eine mehr, die andere weniger, der Auftragnehmer in aller Regel mehr.

Sofern der Auftragnehmer Unterlieferanten einbindet, die Teile des Werks oder vielleicht sogar das gesamte Werk erstellen sollen, dann werden auch diese auf eine Leistungsbeschreibung dringen, die ihnen den Nachweis ermöglicht, daß sie ihre Verpflichtungen erfüllt haben. Genauer gesagt: Die Leistungsbeschreibung für einen Unterlieferanten muß wörtlich oder zumindest sinngemäß dieselbe sein wie die entsprechenden Teile der Leistungsbeschreibung im Vertrag des Auftragnehmers mit dem Auftraggeber. Geschieht dies nicht, oder ist diese Beschreibung aus den obengenannten Gründen unklar und unterschiedlich interpretierbar, dann sind Terminverzüge, Kostenüberschreitungen und Ärger vorprogrammiert, denn man kann nichts anderes verkaufen als das, was man eingekauft hat.

Nun gibt es Unterlieferanten, die in der Hoffnung auf einen lukrativen Auftrag nahezu alles akzeptieren und meinen, daß man sich später schon irgendwie einigen werde. Aber leider gibt es auch solche, die geradezu darauf spekulieren, zum geeigneten Zeitpunkt unter Hinweis auf Unklarheiten und damit verbundene Mehraufwände eine höhere Vergütung rechtfertigen zu können, weil sie ganz bewußt ein zu niedriges Angebot abgegeben haben, um den Zuschlag zu erhalten. Die letzte Aussage gilt übrigens nicht nur für Vertragsverhältnisse zwischen Auftragnehmer und Unterlieferanten, sondern natürlich auch für solche zwischen dem Auftraggeber und dem Auftragnehmer selbst.

Diese Betrachtungen führen uns zum Thema der Kosten und Preise. Ich erinnere mich in diesem Zusammenhang an einen bösen Ausspruch. Er lautet: „Wir wissen zwar noch nicht genau, was wir wollen, aber wir wissen schon ganz genau, was es kostet.". Mit dieser Haltung ist doch niemandem gedient. Weder dem Auftraggeber, der für sein gutes Geld eine gute Leistung erwartet und später nicht vor einem Torso stehen möchte, noch dem Auftragnehmer, der eine gute Arbeit abliefern will, ohne danach den Gang zum Konkursrichter antreten zu müssen. Auftraggeber, denen dies gleichgültig wäre, sollten nicht vergessen, daß dann niemand mehr für die Wartung und Pflege der betroffenen Programme zur Verfügung steht. Auch keine schönen Aussichten.

Wie jeder Fachmann weiß, ist es schwer genug, die Kosten und den Zeitbedarf für die Erstellung eines neuen Anwendungssystems zu schätzen, denn es handelt sich dabei meist nicht um Lizenzprogramme von der Stange, sondern um Unikate, maßgeschneidert für die speziellen Bedürfnisse des Auftraggebers. Ohne eine aussagekräftige Leistungsbeschreibung, in der genau steht, was beide Seiten wollen, werden die genannten Schätzungen entweder zum unlösbaren Problem oder zur Scharlatanerie.

Selbstverständlich gilt alles hier Gesagte nicht nur für Geschäftspartner, die verschiedenen Unternehmen angehören, sondern sinngemäß ebenso für innerbetriebliche Abmachungen und Vereinbarungen, z.B. für solche zwischen einem Fachbereich und der für ihn zuständigen IT-Abteilung aus demselben Unternehmen.

3   Der Weg zu einer Leistungsbeschreibung

3.1   Pflichtenheft und Leistungsbeschreibung

Der Unterschied zwischen einem Pflichtenheft und einer Leistungsbeschreibung besteht bekanntlich darin, daß das Pflichtenheft einen Katalog der Anforderungen des Auftraggebers, die Leistungsbeschreibung hingegen den Katalog der Zusagen des Auftragnehmers darstellt, welche dieser Anforderungen er zu erfüllen bereit und in der Lage ist.

Anforderungen und Zusagen können nicht immer deckungsgleich sein. Aus diesem Grund lehnen es seriöse Auftragnehmer in aller Regel ab, ein Pflichtenheft des Auftraggebers anstelle einer eigenen Leistungsbeschreibung zu akzeptieren, was leider mitunter verlangt wird. BVB-Planung, §3 Leistungen des Auftragnehmers, 1., Absatz 3 lautet daher wohlweislich:

> *„Wenn der Auftragnehmer erkennt, daß eine Forderung an das Verfahren objektiv nicht erfüllbar ist oder aufgrund des Fortgangs der Arbeiten eine Anpassung der Leistungsbeschreibung ... oder von Forderungen zur Vertragsausführung notwendig ist, hat er dies und die ihm erkennbaren Folgen dem Auftraggeber unverzüglich schriftlich mitzuteilen."*

Diesem Absatz werden wir später bei der Behandlung von Änderungsvereinbarungen noch einmal begegnen. Aber bleiben wir zunächst bei den Pflichtenheften und der Leistungsbeschreibung. Unzählige Male habe ich den Ausspruch gehört: „...die wissen ja noch gar nicht, was sie wollen". Und dann fiel mir immer die kleine Geschichte ein, die ich in einem älteren Lehrbuch für Werbekaufleute gelesen habe:

> „Ein Mann wollte in seiner Wohnung Bilder aufhängen, aber die Wände waren aus Beton und so benötigte er eine Bohrmaschine. Er ging also in ein Geschäft und trug dort sein Anliegen vor. Der Verkäufer fragte ihn, welche Leistungsaufnahme die Bohrmaschine haben müßte, ob Links- und Rechtslauf benötigt würde, und dazu noch einige weitere technische Details. Als der Mann darauf keine eindeutige Antwort zu geben vermochte, riet ihm der Verkäufer, nach Hause zu gehen und erst dann wiederzukommen, wenn er sich darüber klargeworden sei, was er wirklich will. Darauf antwortete ihm der Mann, er wüßte eigentlich schon jetzt ganz genau, was er will: Löcher in seiner Betonwand."

Können wir dieser Geschichte etwas entnehmen, was uns hilft? Ja, wir können, denn gute Pflichtenhefte und Leistungsbeschreibungen sollen klar und eindeutig die Ergebnisse beschreiben, auf die es dem Auftraggeber letztendlich ankommt.

3.2   Leistungsbeschreibungen nach BVB

Die bereits erwähnten Besonderen Vertrags-Bedingungen (BVB) der öffentlichen Hand zur Beschaffung von Datenverarbeitungsleistungen sind ein im Bundesanzeiger veröffentlichtes Rahmenwerk für die folgenden Vertragsarten:

- Kauf von EDV-Anlagen und -Geräten
- Miete von EDV-Anlagen und -Geräten
- Wartung von EDV-Anlagen und -Geräten
- Überlassung von DV-Programmen
- Pflege von DV-Programmen
- Planung von DV-gestützten Verfahren
- Erstellen von DV-Programmen

Die beiden letztgenannten Teile möchte ich Ihnen aus folgenden Gründen kurz vorstellen:

1. BVB für die Planung von DV-gestützten Verfahren und insbesondere BVB für das Erstellen von DV-Programmen enthalten bereits Ansätze für strukturierte Leistungsbeschreibungen.

2. Wer DV-Systeme für die öffentliche Hand erstellen will, muß auch künftig nach BVB anbieten müssen und dieses Buch soll dabei helfen, die BVB-Scheine richtig auszufüllen (siehe 4.13 und 4.14 Einträge in den BVB-Erstellungsscheinen).

Alle Verträge nach BVB bestehen aus einem juristischen Vertragsteil und den sogenannten BVB-Scheinen. Der Vertragsteil ist gedruckt und kann als solcher nicht verändert werden. Die Scheine sind numeriert und enthalten „Kästchen" als Platzhalter für individuelle Einträge. Die Kästchen sind jeweils mit einer Überschrift und zusätzlichen kurzen Erläuterungen versehen, z.B. (die folgende Numerierung ist dem BVB-Erstellungsschein entnommen):

3.1.1.4 Verarbeitungsregeln

(z.B. für Buchungen, Steuerung, technisch-wissenschaftliche Berechnungen, Darstellung nach Möglichkeit formal, z.B. durch Formeln, Algorithmen, Entscheidungstabellen)

Leider muß man feststellen, daß diese Kästchen in der Praxis sehr oft unvollständig, manchmal sogar falsch ausgefüllt werden. Das mag daran liegen, daß die als Erläuterung gedachten Beispiele doch sehr unterschiedliche Dinge ansprechen und damit eine Vielzahl von unstrukturierten Antworten begünstigen. Anhand der Auszüge aus den BVB-Erstellungsscheinen (ES1 bis ES4) in 3.2.2 BVB für das Erstellen von DV-Programmen können Sie sich dazu Ihr eigenes Urteil bilden.

Da wir uns hier mit der Leistungsbeschreibung und Abnahme beschäftigen, enthalten die beiden folgenden Abschnitte nur diejenigen Auszüge aus BVB-Planung und BVB-Erstellung, die sich mit diesem Thema beschäftigen.

3.2.1 BVB für die Planung von DV-gestützten Verfahren

§1 Sachlicher Geltungsbereich

Die ... Bedingungen gelten für die Planung von DV-gestützten Verfahren (Planungsleistungen)[1] und andere damit zusammenhängende vereinbarte Leistungen. Planungsleistungen im Sinne dieser Bedingungen sind

a) vorbereitende Arbeiten für ein Grobkonzept,

b) die Erarbeitung eines Grobkonzeptes,

c) die Erarbeitung des fachlichen Feinkonzeptes.

---

[1] Für die Abgrenzung zwischen BVB-Planung und BVB-Erstellung ist Anhang 2 maßgebend

Auszüge aus Anhang 1:

Begriffsbestimmungen

DV-gestützte Verfahren	Aufgabendurchführung, bei der DV-Anlagen, -Geräte, -Programme (entsprechend DIN 44 300) eingesetzt werden sollen.
Vorbereitende Arbeiten	Der Erarbeitung des Grobkonzepts vorausgehende Arbeiten wie das Erarbeiten der Verfahrensidee, der Ist-Analyse und der Forderungen an das DV-gestützte Verfahren (vgl. Anhang 2 Abschnitt 1.1 bis 1.3).
Grobkonzept	Der nach vorbereitenden Arbeiten aus erarbeiteten alternativen Lösungswegen für die Weiterführung des Verfahrens vorgeschlagene Lösungsweg. Lösungsweg in diesem Sinne ist ein Verfahrenskonzept, das die Forderungen an Leistung und Eigenschaften des Verfahrens berücksichtigt.
Fachliches Feinkonzept	Vollständige Festlegung eines Verfahrens durch detaillierte Beschreibung seiner Funktionen, der Schnittstellen und des Zusammenwirkens der Funktionen sowie der von ihnen benötigten und zu erzeugenden Informationen. Bei DV-gestützten Verfahren sind deren maschinell auszuführende Funktionen als solche ausgewiesen.
DV-technisches Feinkonzept	Festlegung der DV-technischen Realisierung der maschinell auszuführenden Funktionen eines DV-gestützten Verfahrens zur Erfüllung der in der Leistungsbeschreibung angegebenen Anforderungen an die Programme; die Festlegung ermöglicht unmittelbar und ohne weitere Vorarbeiten die Programmierung.

Auszug aus Anhang 2:

Hinweise zum sachlichen Geltungsbereich

Grundlage für die Abgrenzung der BVB-Planung von den BVB-Erstellung ist das nur diesem Zweck dienende nachfolgende Phasenkonzept. Dieses Phasenkonzept gibt das unter Berücksichtigung der vielen bestehenden Konzepte mit der Herstellerdelegation notwendigerweise herbeizuführende gemeinsame Verständnis wieder, welche Leistungen zur Entwicklung eines DV-Verfahrens der Planung zuzurechnen sind und welche nach den BVB-Erstellung vergeben werden. ...

I. Planung von DV-gestützten Verfahren

1. Verfahrensidee

2. Ist-Analyse

3. Forderungen

4. Grobkonzept

5. Fachliches Feinkonzept

II. BVB-Erstellung

1. DV-technisches Feinkonzept

2. Programmierung

3. Herbeiführen der Funktionsfähigkeit, Funktionsprüfung (Integration und Systemtest)

und soweit vereinbart (vgl. §1 Nr. 1 Abs. 2, §16 Nr. 3, §16 Nr. 4)

4. Unterstützung beim Einsatz des Programms (Einführungsvorbereitung)

5. Personalausbildung (Schulung)

6. Mitwirkung beim Verfahrenstest

7. Mitwirkung bei der Verfahrenseinführung

(Ende des Auszugs)

3.2.2   BVB für das Erstellen von DV-Programmen

§1 Sachlicher Geltungsbereich

1. Die ... Bedingungen gelten für das Erstellen von Programmen für DV-Anlagen und -Geräte auf der Grundlage eines fachlichen Feinkonzepts (Erstellungsleistungen) und andere mit der Programmerstellung zusammenhängende vereinbarte Leistungen. Erstellungsleistungen im Sinne dieser Bedingungen sind:

   a) das Erstellen des DV-technischen Feinkonzeptes[2],
   b) die Programmierung sowie das Herbeiführen der Funktionsfähigkeit auf bestimmten DV-Anlagen und -Geräten,
   c) das Erstellen der Dokumentation.

   Andere mit der Programmerstellung zusammenhängende vereinbarte Leistungen können zum Beispiel die Personalausbildung, Einsatzunterstützung, Mitwirkung beim Verfahrenstest sein.

2. Die Bedingungen gelten nicht für die Planung von DV-gestützten Verfahren.

Auszüge aus den BVB-Erstellungsscheinen ES1 bis ES4:

2.   **Darstellung des Verfahrens**
           (Auflistung aller im Sinne der Definition des fachlichen Feinkonzeptes relevanten Dokumente)

3.   **Anforderungen an die Programme** (§3 Nr. 1 Abs. 1)
           (auch ausfüllen, wenn nur das DV-technische Feinkonzept zu erarbeiten ist)

           ... Anforderungen können durch detaillierte Verweise auf bereits vorhandene Dokumente, insbesondere solche, die unter Ziffer 2 aufgeführt sind, festgelegt werden. Alle Dokumente, auf die Bezug genommen wird, sind dem Vertrag als Anlage beizufügen. ...

3.1   **Fachliche Spezifikationen**

3.1.1   **Funktionale Spezifikationen**

3.1.1.1   **Informationsbedarf**
           (z.B. Umfang, Zeitpunkt, Ort, Prioritäten)

3.1.1.2   **Informationsbasis**
           (z.B. logische Struktur, Mengengerüst, Verknüpfungen)

---

[2]   Die Programmierung kann nur dann gleichzeitig mit dem Erstellen des DV-technischen Feinkonzeptes vergeben werden, wenn die Anforderungen an die Programme so genau bezeichnet sind, daß die Vergütung ... und die Ausführungsfristen ... für die gesamten geforderten Leistungen festgelegt werden können ...

3.1.1.3　Informationsfluß
(z.B. Quellen, Ziele, Verzweigungen)

3.1.1.4　Verarbeitungsregeln
(z.B. für Buchungen, Steuerung, technisch-wissenschaftliche Berechnungen, Darstellung nach Möglichkeit formal, z.B. durch Formeln, Algorithmen, Entscheidungstabellen)

3.1.1.5　Schnittstellen Bearbeiter/Programme
(z.B. Strukturen und Inhalte von Bildschirm- und Listendarstellungen, Funktionstastenverwaltung)

3.1.1.6　Sonstige funktionale Spezifikationen

3.1.2　Qualitätsmerkmale

3.1.2.1　Zuverlässigkeit
(z.B. Robustheit, Datensicherheit)

3.1.2.2　Benutzungsfreundlichkeit
(z.B. Benutzerführung, Unterstützungsfunktionen, Ergonomie)

3.1.2.3　Zeitverhalten
(z.B. Antwort-, Reaktionszeiten, Durchsätze; diese Angaben erfordern die präzise Beschreibung der auszuführenden Funktionen und der jeweiligen vorausgesetzten Randbedingungen wie Hardware-Konfiguration, Systemsoftware, sonstige Programmumgebung, Auslastungen von Zentraleinheit und Kanälen, Datenvolumen)

3.1.2.4　Pflegefreundlichkeit
(Angaben zum zu erwartenden Pflegebedarf: z.B. Änderungsart, -umfang, -häufigkeit, Zeitrahmen für Einarbeitung und Durchführung)

3.1.2.5　Portabilität
(Angabe der DV-Anlagen und Grundsoftware, mit denen die Programme zusammenwirken können)

3.1.2.6　Sonstige Qualitätsmerkmale

3.2　Technische Spezifikationen

3.2.1　Programmtechnische Vorgaben
soweit aus Sicht des Auftraggebers erforderlich (z.B. Programmiersprachen, -techniken, -richtlinien, Fachnormen)

3.2.2　Vorgaben aufgrund der Hardware- und Software-Umgebung
(z.B. verfügbare Hardware-Konfiguration, Ablauf- und Datenschnittstellen zu anderen Programmen)

3.3　Anforderungen an die Dokumentation (§16 Nr. 1)
(Programmentwicklungsdokumentation z.B. nach DIN 66 231, Programmdokumentation z.B. nach DIN 66 230, Richtlinien des Auftraggebers)

3.4   **Unverzichtbare Leistungsmerkmale** (§12 Nr. 1 Abs. 1, vgl. Begriffsbestimmung für „Nicht aufgabengerechte Nutzung").

(Hier sind diejenigen Angaben aus den Ziffern 3.1 und 3.2 zu benennen, die für den Auftraggeber unverzichtbare Leistungsmerkmale
sind)

(Ende des Auszugs)

Was soll man z.B. in das Kästchen 3.1.2.3 Zeitverhalten hineinschreiben? Etwa
tatsächlich „die präzise Beschreibung der auszuführenden Funktionen und der
jeweiligen vorausgesetzten Randbedingungen wie Hardware-Konfiguration,
Systemsoftware, sonstige Programmumgebung, Auslastungen von Zentraleinheit
und Kanälen, Datenvolumen"?

Da der zur Verfügung stehende Raum in den Kästchen der Planungs- und Erstel-
lungsscheine sehr knapp bemessen ist, besteht der Eintrag ohnehin meistens nur in
einem Hinweis auf andere Dokumente, Anhänge und Unterlagen und so wird das
Problem eigentlich nur verlagert, ohne es wirklich zu lösen.

Dennoch und trotz aller Kritik: Der Ansatz für eine Strukturierung der Leistungsbeschreibungen ist nur zu begrüßen und man kann eine Menge daraus lernen. Vor
allem eine saubere Begriffsbestimmung und daß man die zu vereinbarenden Leistungen sehr genau und möglichst formal beschreiben sollte.

Wenn Sie die Beschreibungen der Leistungsmerkmale in der Weise vornehmen,
wie sie in den folgenden Kapiteln dieses Buches (z.B. in der Allgemeinen Struktur
einer Leistungsbeschreibung) dargestellt werden, dann haben Sie es bei Ihrem
nächsten Vertrag nach BVB ziemlich einfach , die „Kästchen" in den BVB-Erstellungsscheinen korrekt auszufüllen. Beispiele dazu finden Sie in den Kapiteln 4.14
und 5.13.

3.3   Leistungsbeschreibung, fachliches und DV-technisches Feinkonzept

Eine Leistungsbeschreibung ist weder ein fachliches noch ein DV-technisches
Feinkonzept im Sinne der Begriffsbestimmung aus dem Anhang 1 der BVB für die
Planung von DV-gestützten Verfahren.

Eine Leistungsbeschreibung besteht aus den Voraussetzungen und Randbedingungen für die Realisierung eines Anwendungssystems und aus Zusagen des Auftragnehmers, die einer späteren Abnahmeprüfung unterzogen werden. Was die Voraus-

setzungen und Randbedingungen anbelangt, so enthalten sie sehr viel mehr als nur das, was man normalerweise in fachlichen und DV-technischen Feinkonzepten findet: Inhaber der Rechte, Verantwortlichkeiten für die Bereitstellung, Bearbeitung und Umstellung von Daten und Programmen, Versionsstände und Termine sowie Vereinbarungen bezüglich der Verfügbarkeit und Überlassung von Programmbeschreibungen, Quellcode und sonstigen Unterlagen.

Sowohl die Voraussetzungen und Randbedingungen als auch die Zusagen **können** jedoch aus Beschreibungen bestehen, die einem fachlichen oder DV-technischen Feinkonzept zum Verwechseln ähnlich sehen.

Dies trifft insbesondere auf die technische Umgebung (das Zielsystem), die Daten aus anderen Systemen und auf einzubindende Programme zu, die sehr genau – in einem DV-technischen Sinne – beschrieben werden sollten, denn diese Komponenten bilden das Fundament, auf dem das ganze System aufgebaut wird.

Aber auch bei der Beschreibung der Anforderungen und Zusagen läßt es sich nicht vermeiden, in die „Niederungen" fachlicher und DV-technischer Feinkonzepte hinabzusteigen, wenn die ganze Geschichte etwas taugen soll. Leistungsbeschreibungen, die nur an der Oberfläche bleiben, führen allzuoft zu einem Desaster, wie die Erfahrung gelehrt hat und sicherlich noch weiter lehren wird. Die folgende Grafik möge verdeutlichen, was damit gemeint ist:

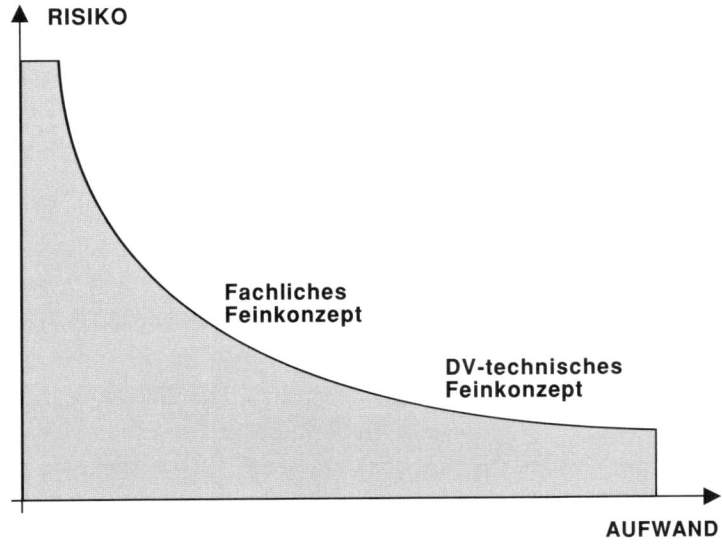

Vertragsrisiko und Aufwand für eine Leistungsbeschreibung

3.4   Vorstudien und Planungsprojekte

Die Entwicklung eines neuen Automotors kostet Millionen und dauert Jahre, obwohl die damit befaßten Fachleute sicher nicht zum ersten Mal vor diese Aufgabe gestellt werden. Alle Einzelaggregate müssen eben richtig zusammenpassen, sowohl wirtschaftlich arbeiten als auch herstellbar sein und es sind viele Versuche erforderlich, um ein für den Hersteller und die Kunden gleichermaßen befriedigendes Ergebnis zu erzielen. Auch in der Fertigungsindustrie ist es üblich, zunächst einmal Versuchslinien und erst dann, wenn genügend Erfahrungen vorliegen, die endgültigen Fertigungseinrichtungen zu entwerfen und zu bauen.

Die Erstellung und Einführung eines neuen Anwendungssystems ist nicht weniger komplex. Nicht nur, daß alle Komponenten und Programme zusammenwirken müssen, sondern es soll auch von den Menschen, die später damit arbeiten akzeptiert werden. Nur wenn die Arbeitsabläufe fachgerecht gestaltet sind und dem natürlichen Denken und Empfinden der Benutzer entgegenkommen, werden sie das gerne tun und sich nicht dagegen wehren. Wer mag da glauben, daß man in einem Projekt, das möglicherweise ebenfalls Millionen kostet wird, mit einem einzigen „großen Wurf" zu einer ausgereiften Lösung kommen kann?

Es gab schon Fälle, in denen Projekte nach einem halben oder dreiviertel Jahr abgebrochen wurden, weil erst dann – nach schier endlosen Diskussionen und umfangreichen Vorarbeiten in die falsche Richtung – klar geworden war, was der Auftraggeber wirklich benötigte. Eine derartige Verschwendung von Zeit und Geld muß nicht sein. Der bessere Weg ist eine Studie zur Vorbereitung einer Leistungsbeschreibung, die viele Vorteile bietet:

1. Sie verschafft sowohl dem Auftraggeber wie dem Auftragnehmer eine wesentlich höhere Sicherheit darüber, was tatsächlich erforderlich und was davon realisierbar ist.

2. Sie spart Zeit und Geld, weil unnötige Aufwände vermieden werden, die dadurch entstehen, daß man irrtümlicherweise glaubt, auf dem richtigen Weg zu sein.

3. Die Vertragspartner und deren Mitarbeiter lernen sich besser kennen, bevor es richtig „in die Vollen" geht. Man weiß dann besser, wie man sich gegenseitig einzuschätzen hat und kann schon vor der eigentlichen Projektarbeit eine Vertrauensbasis aufbauen.

4. Es ist möglich, mit einem vergleichsweise geringen Aufwand bereits bestimmte Arbeitsabläufe und Bildschirmdialoge zu simulieren und damit die Benutzer des Systems frühzeitig einzubinden. Damit nimmt man ihnen die Scheu oder sogar die Angst vor der späteren Umstellung und gibt ihnen das berechtigte Gefühl, an

der Gestaltung mitgewirkt zu haben. Das Stichwort lautet hier „Prototyping", ein seit langem bekanntes Fachwort aus der Computersprache.

5. Eine zutreffende Kostenschätzung wird wesentlich erleichtert.

6. Man sollte auch nicht vergessen, daß jeder ordentlich kalkulierende Anbieter Sicherheitszuschläge für unvorhergesehene Aufwände einrechnen muß, die um so kleiner ausfallen können, je mehr er über das bevorstehende Projekt weiß.

7. Das Projektrisiko wird reduziert, denn wenn schon die Vorstudie im Sande verläuft, dann wird man von dem nachfolgenden Realisierungsprojekt nichts anderes erwarten dürfen.

Mit einer Vorstudie – oder einem Planungsprojekt nach BVB – werden sich also viele Fallstricke und Risiken vermeiden oder doch zumindest in ihren Auswirkungen früher erkennen und damit abmildern lassen. Und wie jeder weiß, kostet die Korrektur eines Fehlers um so mehr Geld, je später er zutage tritt.

3.5 Eine Betrachtung der Zeitachse

Wann sollte im Rahmen eines Vorhabens zur Erstellung eines neuen IT-Anwendungssystems die Leistungsbeschreibung erstellt werden und wann ist der Zeitpunkt für die Abnahmeprüfung gekommen? Ich habe hier bewußt das Wort „Vorhaben" gewählt, denn ein Projekt beginnt erst dann, wenn der Auftraggeber der angebotenen Leistungsbeschreibung zugestimmt und einen entsprechenden Vertrag unterschrieben hat.

Damit wir uns richtig verstehen: alle Arbeiten davor – wie z.B. die Erstellung einer Vorstudie – sind natürlich auch ein Projekt, aber eben ein anderes und bedürfen infolgedessen auch einer anderen Leistungsbeschreibung und eines eigenen Vertrags. Es sei hier ausdrücklich davor gewarnt, diese unterschiedlichen Projekte nicht säuberlich voneinander zu trennen. Sie wissen ja selbst: Es gibt viele Gründe für das Scheitern von Projekten.

Auch in diesem Punkt sind die BVB vorbildlich, denn auch sie unterscheiden ganz klar zwischen Planungs- und Erstellungsprojekten.

Vorstudien werden vom Auftraggeber und Auftragnehmer gemeinsam erstellt. Der Auftraggeber erarbeitet so dann das Pflichtenheft (die Forderungen), der Auftragnehmer anschließend die Leistungsbeschreibung (die Voraussetzungen, Randbedingungen und Zusagen). Danach kommt es zum Vertrag für das Erstellungsprojekt.

Während der Auftragnehmer die Realisierung vorantreibt, kümmert sich der Auftraggeber um die Testdaten und um die technische und organisatorische Vorbereitung der Systemeinführung. Nach den erfolgreichen Integrations- und Systemtests und der Herbeiführung der Funktionsfähigkeit durch den Auftragnehmer wird geprüft, ob alle sonstigen Voraussetzungen für die Abnahmeprüfungen erfüllt sind. Diese Voraussetzungen bestehen in einer Abnahmeprüfungsvereinbarung sowie in der vertragsgemäßen Verfügbarkeit der technischen Umgebung und der erforderlichen Testdaten. Wenn dies geschehen ist, erklärt der Auftragnehmer die Bereitschaft zur Abnahme (BzA). Die Abnahmeprüfung (Funktionsprüfung nach BVB) wird in der Regel vom Auftraggeber durchgeführt.

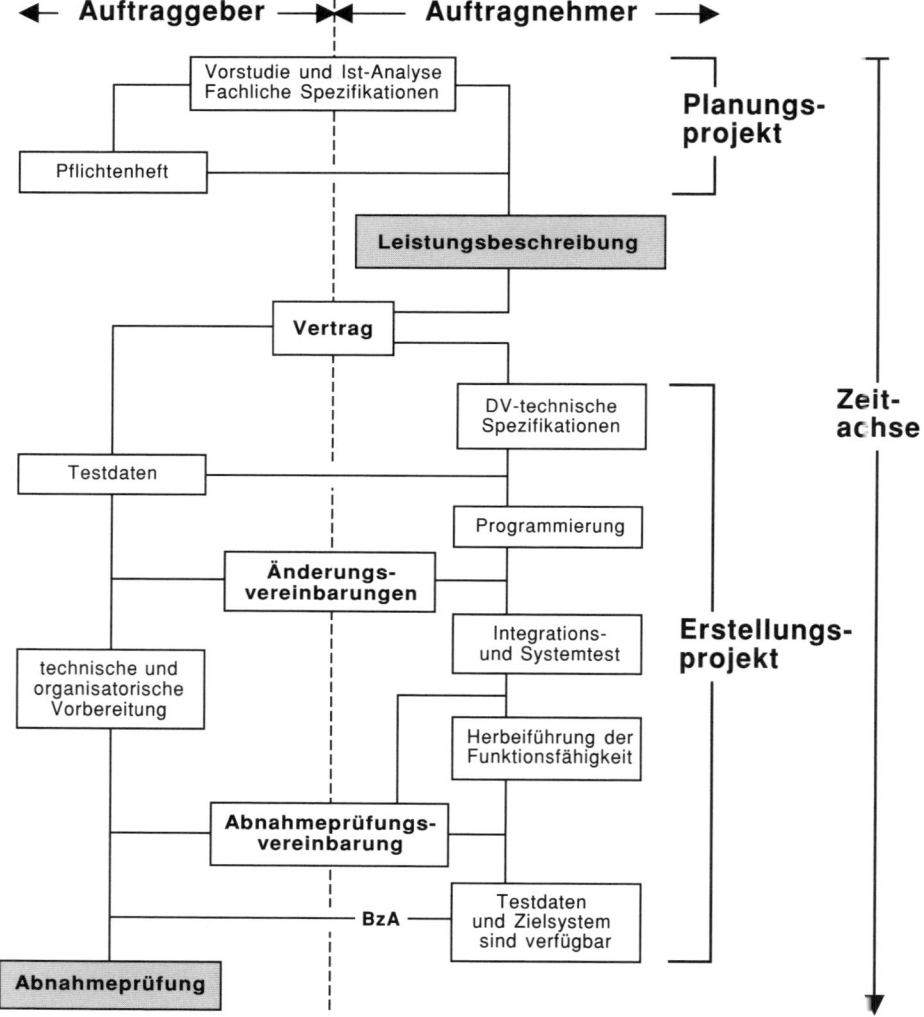

Die Aktivitäten für die Erstellung und Abnahme eines IT-Anwendungssystems

3.6   Die Komponenten eines Anwendungssystems

3.6.1   Prozesse

Jedes Anwendungssystem – und sei es noch so umfangreich und komplex – besteht aus einzelnen Prozessen, die eingelesene und eingegebene Daten verarbeiten und die verarbeiteten Daten ausgeben (bekannt unter den Begriffen **I**nput **P**rocess **O**utput (IPO)):

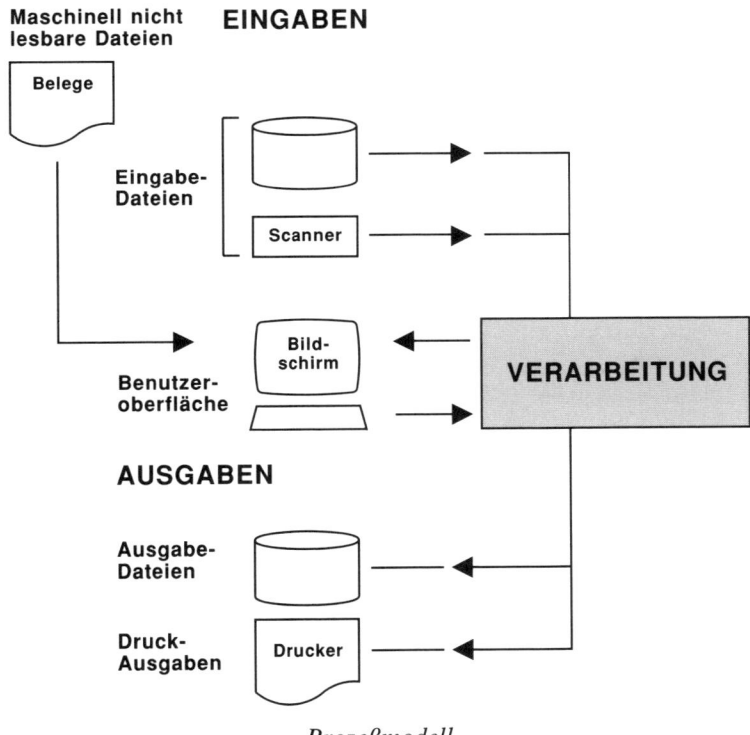

Prozeßmodell

Die verschiedenen Ausprägungen der Eingaben, Verarbeitung und Ausgaben bei den einzelnen Prozessen bilden die Komponenten – die „Bausteine" – eines Datenverarbeitungssystems. Natürlich sind nicht immer alle hier abgebildeten Bausteine bei jedem Prozeß vorhanden. Oft fehlt ein Drucker oder Scanner und Stapelverarbeitungsprogramme (sog. Batch-Programme) kommen ohne Bildschirme aus.

Aber für die Beschreibung der Leistungsmerkmale folgt daraus die wichtige Erkenntnis, daß für jeden abnahmerelevanten Baustein keine anderen als nur die für ihn spezifischen Leistungsmerkmale angegeben werden können und daß es umgekehrt kein Leistungsmerkmal geben kann, das sich nicht auf mindestens einen dieser Bausteine bezieht. „Abnahmerelevant" ist in diesem Sinne alles, was später daraufhin geprüft werden soll, ob es vorhanden oder nicht vorhanden ist.

Welches sind nun die spezifischen Leistungsmerkmale für die Komponenten eines Anwendungssystems? Sie ergeben sich aus den Beschreibungen für diese Bausteine, die Sie der folgenden Zusammenstellung entnehmen können. Sie ist das Ergebnis aus vielen unterschiedlichen Leistungsbeschreibungen, was jedoch nicht heißen soll, daß nicht doch noch das eine oder andere Leistungsmerkmal fehlt. Fühlen Sie sich also bitte nicht daran gehindert, weitere aufzunehmen, falls Ihnen dies für Ihre Bedürfnisse notwendig oder wünschenswert erscheint.

3.6.1.1 Eingaben

Dateien, die eingelesen werden, sind keine Ergebnisse eines Anwendungssystems und insofern als Komponenten einer Leistungsbeschreibung normalerweise nicht so wichtig. Bei größeren Systemen sind viele Eingabedateien ohnehin gleichzeitig die Ausgabedateien von anderen Programmen desselben Systems und man kann sich darauf beschränken, sie einfach aufzulisten und mit einem Hinweis zu versehen, woher sie stammen.

Nun gibt es aber fast immer Schnittstellen zu anderen Systemen und vorhandene oder zumindest vordefinierte Dateien – z.B. die Artikel-Datei eines Lieferanten oder eine Image-Datei von einem Scanner – die bei dem einen oder anderen Prozeß verarbeitet werden müssen. Hier liegt der Fall ganz anders, denn über diese Dateien müssen die Anwendungsentwickler alles wissen, was für eine Einbindung erforderlich ist.

Spezifische Merkmale:	Zuordnung zu einer Komponente der Leistungsbeschreibung:

Allgemeine Beschreibung
• Bezeichnung des Datenbestands
• Ident-Nr des Datenbestands
• Datenbestand ist vorhanden Ja/Nein
• Datei-Art
  (z.B. DB-Segment, Tabelle, Bild-Datei etc.)
• Dateiformat
  (z.B. Text, Satz, Grafik)
• Inhaber der Rechte an der Datei
• Herkunft des Datenbestands
  (z.B. Bezeichnung des Prozesses, Lieferant, Datenschnittstelle)
• Versionsstand
• Verantwortlich für die Bereitstellung
  (Auftraggeber oder Auftragnehmer)
• Termin für die Bereitstellung
	Daten aus anderen Systemen
	Allgemeine Beschreibung

Datenbeschreibung • Feldname • Schlüssel (Eigenschlüssel) • Daten-Typ und -Länge • Beschreibung des Feldes	**Daten aus anderen Systemen** Datenbeschreibung für Eingabe-Daten

Bearbeitungen
• Bezeichnung der Bearbeitung
  (z.B. Änderung der bestehenden Datenstruktur)
• Verantwortlich für die Bearbeitung
  (Auftraggeber oder Auftragnehmer)
• Termin für die Fertigstellung
• Bearbeitete Datenbeschreibung
	Daten aus anderen Systemen
	Bearbeitungen und Umstellungen; Beschreibung der Bearbeitungen

Umstellung des gesamten vorhandenen Datenbestands
• Bezeichnung der Umstellung
  (z.B. Umstellung auf eine neue Datenstruktur)
• Verantwortlich für die Umstellung
  (Auftraggeber oder Auftragnehmer)
• Termin für die Umstellung
	Daten aus anderen Systemen
	Bearbeitungen und Umstellungen; Beschreibung der Umstellungen

3.6.1.2 Bildschirm-Dialoge

Spezifische Merkmale:	Zuordnung zu einer Komponente der Leistungsbeschreibung:
Allgemeine Beschreibung • Erforderlicher Berechtigungsschlüssel zur Durchführung des Prozesses • Ident-Nr der Bildschirmmaske • Bildschirmmodus (Text, Grafik) • Vorschriften und Standards • Unterstützung anderer Landessprachen • Parametrisierung	**Beschreibung eines Prozesses** Bildschirm-Dialog; Allgemeine Beschreibung
Bildschirmmaske (Bildschirm-Layout)	**Beschreibung eines Prozesses** Bildschirm-Dialog; Bildschirmmaske
Datenbeschreibung • Feldname • Daten-Typ und -Länge • Erforderlicher Berechtigungsschlüssel für Anzeige und Veränderung des Datenfeldes • Beschreibung des Feldes und Art der Datenbildung	**Beschreibung eines Prozesses** Bildschirm-Dialog; Datenbeschreibung
Einzelheiten zum Arbeitsablauf • Einstieg in den Prozeß • Anzeige von Datenfeldern nach dem Einstieg • Weiterblättern • Durchführung wichtiger Aktionen • Abschließen der Bearbeitung eines Vorgangs • Nachträgliche Korrektur eines abgeschlossenen Vorgangs	**Beschreibung eines Prozesses** Bildschirm-Dialog; Einzelheiten zum Arbeitsablauf

Spezifische Merkmale:	Zuordnung zu einer Komponente der Leistungsbeschreibung:
Hilfsfunktionen • Optionen (Eingabe) • Beschreibung der Einblendung • Masken-Identifikation	**Beschreibung eines Prozesses** Bildschirm-Dialog; Hilfsfunktionen
Verzweigung zu anderen Prozessen • Optionen (Eingabe) • Bezeichnung des Prozesses • Bildschirm-Identifikation	**Beschreibung eines Prozesses** Bildschirm-Dialog; Verzweigung zu anderen Prozessen

3.6.1.3 Verarbeitung

Spezifische Merkmale:	Zuordnung zu einer Komponente der Leistungsbeschreibung:
Allgemeine Beschreibung • Art des Prozesses • Rechteinhaber • Vorschriften und Standards • Parametrisierung • Programmiersprache • Quellcode-Überlassung	**Beschreibung eines Prozesses** Allgemeine Beschreibung
Einbindung vorhandener Programme • Bezeichnung des Programms • Ident-Nr des Programms • Art des Programms • Lizenzprogramm Ja/Nein • Rechteinhaber • Versionsstand • Programmbeschreibung • Programmiersprache • Quellcode verfügbar Ja/Nein • Termin für die Bereitstellung der Programmbeschreibung und des Quellcodes	**Beschreibung eines Prozesses** Einbindung vorhandener Programme; Allgemeine Beschreibung

Spezifische Merkmale:	Zuordnung zu einer Komponente der Leistungsbeschreibung:
Bearbeitung vorhandener Programme • Beschreibung der Bearbeitungen	**Beschreibung eines Prozesses** Einbindung vorhandener Programme; Bearbeitungen
Arbeitsablauf bei der Durchführung des Prozesses	**Beschreibung eines Prozesses** Der Arbeitsablauf im Prozeß

Geschäftsregeln
• Regeln für die Bildung
  einzelner Datenelemente
• Regeln für die Bildung von
  Fehlermeldungen, Warnungen und
  Hinweisen
• Regeln für Prozeduren und Abläufe
	Beschreibung eines Prozesses
	Geschäftsregeln

Antwortzeitverhalten	**Beschreibung eines Prozesses** Antwortzeitverhalten

3.6.1.4 Ausgaben

Spezifische Merkmale:	Zuordnung zu einer Komponente der Leistungsbeschreibung:
Regeln für die Ausgaben	**Regeln für die Ausgaben eines Prozesses**
Allgemeine Beschreibung einer Ausgabe • Bezeichnung des Datenbestands • Ident-Nr des Datenbestands • Datei-Art • Dateiformat • Vorschriften und Standards • Zugeordneter Sprachenschlüssel • Verwendung in anderen Systemen (Datenschnittstellen)	**Beschreibung der Ausgaben eines Prozesses** Allgemeine Beschreibung

Spezifische Merkmale:	Zuordnung zu einer Komponente der Leistungsbeschreibung:
Datenbeschreibung • Feldname • Schlüssel (Eigen- und Fremdschlüssel) • Daten-Typ und -Länge • Beschreibung des Feldes und der Art der Datenbildung	**Beschreibung der Ausgaben eines Prozesses** Datenbeschreibung
Druckmaske (List-Layout)	**Beschreibung der Ausgaben eines Prozesses** Druckmaske

3.6.2   Datenschnittstellen zu anderen Systemen

Ein Anwendungssystem steht selten allein auf der sogenannten „grünen Wiese".
Fast immer ist es eingebunden in ein Geflecht von Datenflüssen mit den unterschiedlichsten Quellen und Senken. Die Analyse und der Entwurf von Informati-
onsströmen in einem Unternehmen ist eine aufwendige und herausfordernde
Aufgabe, deren Bedeutung in der Vergangenheit oft unterschätzt wurde und erst
allmählich die ihr zukommende Würdigung findet, weil man nicht mehr umhin
kommt, die verschiedenen Anwendungssysteme, die ursprünglich als „stand-
alone"-Lösungen konzipiert wurden, zu vernetzen und zu verketten. Dieses weite
Feld zu beackern ist indessen hier nicht unser Anliegen, denn wir wollen uns ja
ausschließlich mit der Leistungsbeschreibung und der Abnahme beschäftigen und
deshalb auf diejenigen Datenströme konzentrieren, die in ein neu zu erstellendes
Anwendungssystem hineinfließen und daraus hervorgehen:

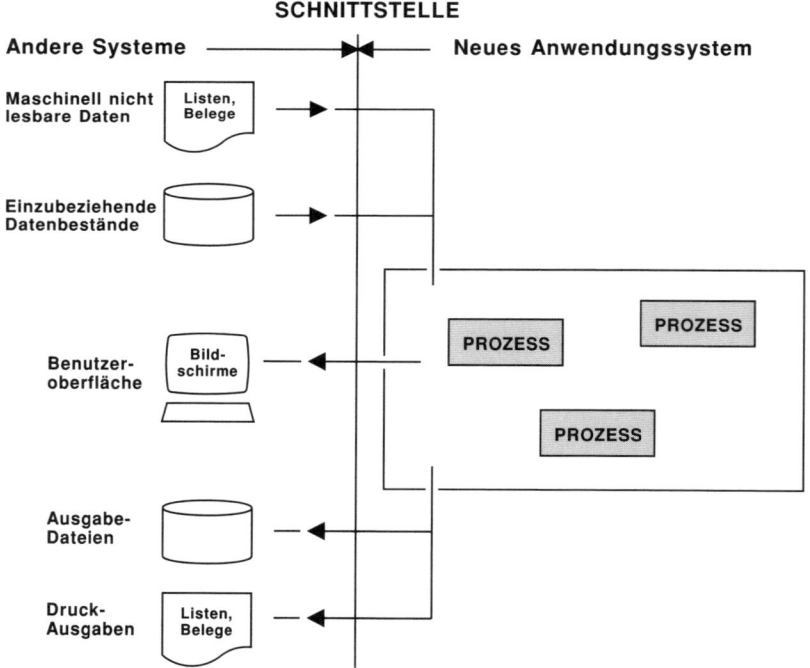

Datenschnittstellen zu anderen Systemen

4   Die Komponenten einer Leistungsbeschreibung

Wie schon gesagt wurde, sollen Pflichtenhefte und Leistungsbeschreibungen klar und eindeutig die Ergebnisse – nicht die Ziele – eines Anwendungssystems beschreiben. Und diese Ergebnisse sind Daten, nichts als Daten. Daten in Dateien, Datenbank-Segmenten, Tabellen, auf gedruckten Belegen, Formularen, in Listen und auf Bildschirmen. Ein System, das keinerlei Daten erzeugt, die an **andere Systeme**, z.B. an Kunden, Lieferanten, Behörden oder irgendwelche innerbetriebliche Stellen wie die Buchhaltung, den Wareneingang oder den Außendienst, weitergegeben werden, macht keinen Sinn, ist überflüssig und braucht gar nicht erst realisiert zu werden.

Es könnte also durchaus genügen, wenn sich die Leistungsbeschreibung für ein Anwendungssystem auf die Beschreibung der Daten beschränkt, die an andere Systeme und Benutzer weitergegeben werden. Solche Leistungsbeschreibungen gibt es für einfachere Anwendungen – aber eben nur für einfachere.

Normalerweise kommt man damit jedoch nicht aus. Denn die Erzeugung der Ergebnisse eines etwas umfangreicheren und komplexeren Anwendungssystems verläuft in mannigfaltigen Zwischenschritten, bei denen es immer wieder besondere geschäftliche Vorschriften und Regeln – die sogenannten „Business Rules" – zu beachten und zu befolgen gilt. Damit sind nicht etwa die datentechnischen Verarbeitungsregeln gemeint, sondern solche Vereinbarungen wie z.B. Rabattstaffeln, die Regeln für die Prüfung der Bonitätskriterien oder die Voraussetzungen für die Weiterverarbeitung der Daten, die von anderen Stellen an das Anwendungssystem geliefert werden. Darüber hinaus haben viele Auftraggeber bestimmte Vorstellungen darüber, wie der Arbeitsablauf innerhalb des Anwendungsgebiets auszusehen hat und wie die Benutzeroberflächen – das sind die Bildschirmmasken – gestaltet sein sollten.

Wollte man all dieses in die Beschreibung der Ergebnisse eines Anwendungssystems packen, dann würde man diese Beschreibungen heillos überfrachten und auch die Übersichtlichkeit ginge verloren. Wir kommen deshalb nicht darum herum, uns auch mit den einzelnen Prozessen innerhalb eines Anwendungssystems zu befassen, wenn wir eine Leistungsbeschreibung erstellen wollen.

Dennoch bleibt festzuhalten, daß die Einhaltung der Leistungsmerkmale für die Datenschnittstellen zu anderen Benutzern und Systemen zu den wichtigsten und kritischsten Elementen bei den Abnahmeprüfungen gehört. Fehler, die dabei auftreten, gehören oft zu den sogenannten erheblichen Fehlern, die eine wirtschaftlich sinnvolle Nutzung des Werks unmöglich machen oder unzumutbar einschränken und deshalb zu einem Abbruch der Abnahmeprüfungen führen.

Bitte rufen Sie sich jetzt noch einmal den ersten Absatz in BVB-Erstellung, §11 Abnahme, in Erinnerung:

> *„Entspricht die Leistung des Auftragnehmers der Leistungsbeschreibung, erklärt der Auftraggeber unverzüglich schriftlich die Abnahme.‘*

Wie soll das geprüft werden? Wie kann man sich darüber einigen, ob die Leistung des Auftragnehmers der Leistungsbeschreibung entspricht? Sehr viele, ja zu viele dieser Beschreibungen sind in verbaler Form abgefaßt und damit fast immer unterschiedlich interpretierbar, besonders dann, wenn man es – aus welchen Gründen auch immer – darauf anlegt. Und dies geschieht leider auch sehr oft. Die beste Leistungsbeschreibung ist daher eine solche, bei der man einen „Haken" an jede erfüllte Zusage machen kann, das heißt, wenn eine eindeutige Ja/Nein-Entscheidung möglich ist. Eine weitgehend formalisierte Beschreibung bietet dafür die besten Voraussetzungen.

Aber nicht jede Komponente einer Leistungsbeschreibung unterliegt der Abnahme. Kein Mensch wird auf die Idee kommen, die Technische Umgebung (das Zielsystem), die verwendeten Begriffe oder die Testdaten einer Abnahmeprüfung zu unterziehen. Auch Daten aus anderen Systemen und eingebundene vorhandene Programme werden nicht abgenommen – es sei denn, sie wurden vom Auftragnehmer bearbeitet oder umgestellt.

Übrig bleiben demnach die Leistungsmerkmale für die Bausteine eines Anwendungssystems, die zu den Ergebnissen (Ausgaben) des Systems führen. Ich bezeichne sie deshalb als die **abnahmefähigen Elemente einer Leistungsbeschreibung.**

Abnahmefähig heißt jedoch nicht gleichzeitig abnahmerelevant. Abnahmerelevant ist alles, was später bei der Abnahme daraufhin geprüft wird, ob es vorhanden oder nicht vorhanden ist und es muß durchaus nicht sein, daß jedes abnahmefähige Element auch tatsächlich abgenommen werden soll. Selbstverständlich kann man die Gestaltung solcher Elemente auch den Anwendungsentwicklern überlassen. Dann sind sie allerdings nicht mehr Bestandteil der vertraglichen Abmachungen und damit Gegenstand einer Abnahmeprüfung. Die Entscheidung darüber liegt beim Auftraggeber.

4.1   Verwendete Begriffe und Abkürzungen

In einer Leistungsbeschreibung gibt es fast immer Begriffe, Ausdrücke und Abkürzungen, die mehrfach vorkommen und einer Erklärung bedürfen. Um sich ständige Wiederholungen zu ersparen, empfehle ich, diese Begriffe am Anfang einer Leistungsbeschreibung ein für alle Mal zu bezeichnen und zu erläutern.

■ **Beispiele:**

Begriff:	Erläuterung:
HRL	Hochregallager
LAN	Local Area Network: Netzwerk zur Verbindung von DV-Systemen, insbesondere von Servern und Client-Computern
Tabelle:	Tabelle einer relationalen Datenbank
PF 1 ... 12	Programm-Funktionstasten 1 bis 12
Option	Wahlmöglichkeit durch Eingabe eines numerischen oder alphanumerischen Wertes, um eine beabsichtigte Aktion auszulösen (z.B. eine Verzweigung zu einer anderen Funktion)

4.2   Technische Umgebung – das Zielsystem

Wenn eines Tages während der Entwicklungszeit der Projektleiter des Auftraggebers dem Projektleiter des Auftragnehmers freudestrahlend berichtet, daß man
jetzt die neueste Version des Systemprogramms XY installiert habe, dann könnte
es sein, daß die Freude darüber ziemlich einseitig bleibt. Denn nun muß der Auftragnehmer prüfen, ob seine bis dahin geleistete Arbeit mit dem neuen Systempro-
gramm zusammenwirken wird, oder ob er sie in den Papierkorb werfen kann.

Das Zielsystem ist die technischen Umgebung, in der die neuen Programme später
laufen sollen und für die sie entwickelt werden. Weil die Gefahr besteht, daß die
neuen Programme und Programmfunktionen auf einem anderen – oder einem während der Entwicklungszeit veränderten! – Zielsystem fehlerhaft oder überhaupt
nicht laufen werden, ist die Festschreibung der technischen Umgebung sehr wichtig für die Abnahme.

Ein Zielsystem besteht aus:

* den Maschinen (Hardware);
* den System-Programmen (Software);
* den sonstigen installierten oder noch zu installierenden Programmen (Software), die mit den Programmen des neuen Anwendungssystems zusammenwirken müssen.

Zusätzlich zu diesen Angaben gehört zur Beschreibung eines Zielsystems noch ein
System-Schaubild.

Für herstellerspezifische Angaben werden hier bei allen Beispielen nur symbo-
lische Namen (z.B. ABCDE, Fa. XYZ) verwendet.

4.2.1   Maschinen

■ **Beispiele:**

Bezeichnung	Type/Modell	Hersteller
Host	ABCDE	Fa. XYZ
Arbeitsplatz-Rechner	FGHIK	Fa. ABC

4.2.2   Programme

■ **Beispiele:**

Bezeichnung und Nummer des Programms	Version	Lizenz-programm	Rechte-Inhaber	installiert auf (Maschine)
Betriebssystem S-12345	V. 1.3	Ja	Fa. DEF	Host ABCDE
Datenbank-Verwaltungsprogramm D-5603	V. 6.1	Ja	Fa. BIK	Host ABCDE
Betriebssystem S-67890	V. 3.2	Ja	Fa. GHI	Arbeitsplatz-rechner FGHIK

4.2.3   Portabilität

Wenn die zu erstellenden Programme auch mit anderen als den vorgenannten Maschinen und Programmen zusammenwirken sollen, dann folgen hier Darstellungen wie unter 4.2.1 und 4.2.2 .

4.2.4   System-Schaubild

■ **Beispiel:**

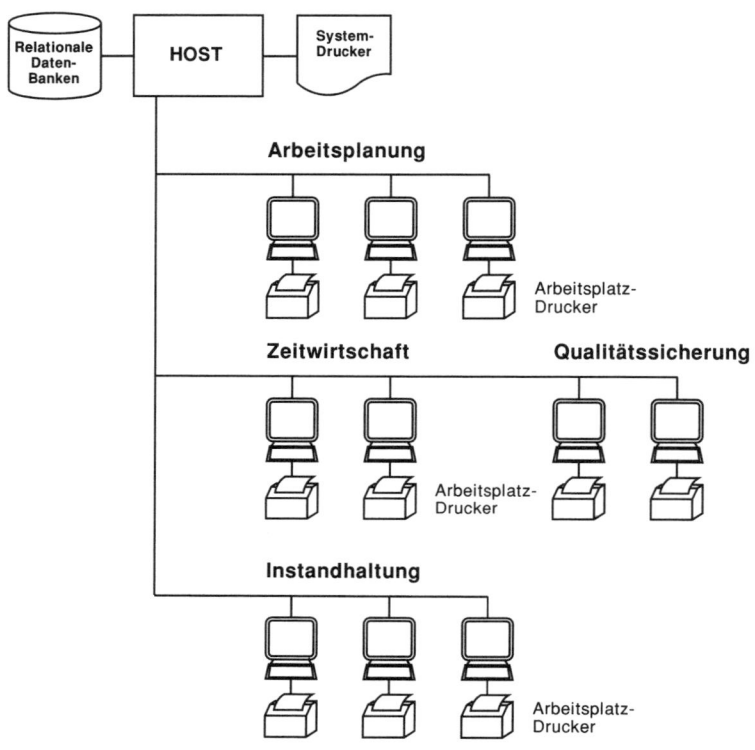

System-Schaubild

4.3 Mehrfach verwendete Komponenten

4.3.1 Vorschriften und Standards

In vielen Fällen gibt es Vorschriften und Standards, die vom Auftragnehmer bei der Systementwicklung berücksichtigt und eingehalten werden müssen. Dazu zählen:

- Gesetzliche Vorschriften
- Berufsgenossenschaftliche Vorschriften
- Sicherheitsrichtlinien
- Vereinbarungen und Absprachen mit den Kunden des Auftraggebers
- Verfahrensrichtlinien und innerbetriebliche Vereinbarungen
- Standards für die Gestaltung der Bildschirmmasken
- Standards für die Druckausgaben

Wenn es sich nicht um ganz allgemein bekannte Vorschriften und Standards handelt (wie z.B. das Bundesdatenschutzgesetz BDSG, den ANSI-SQL-Standard oder das TCP/IP Protokoll), dann sollte immer auch das Datum angegeben werden, von wann diese Vorschrift stammt.

■ **Beispiele für Vorschriften und Standards:**

1. Empfehlungen des Bundesministers des Innern für die Durchführung von DV-Vorhaben vom 07.01.1980, Bundesanzeiger Nr. 8 vom 12.01.1980, Rahmenrichtlinien des Kooperationsausschusses ADV Bund/Länder/Kommunaler Bereich für die Gestaltung von ADV-Verfahren in der öffentlichen Verwaltung.

2. Die Berechnung der Einkommensteuer hat nach §32 a Einkommensteuertarif des StG vom September 1997 zu erfolgen.

3. Der Auftragnehmer und seine Erfüllungsgehilfen sind verpflichtet, alle personenbezogenen Daten des Auftraggebers, die ihm und ihnen zur Kenntnis gelangen, weder außerhalb der Zweckbestimmung dieses Auftrags zu verarbeiten, noch sie bekanntzugeben, zugänglich zu machen oder sonst zu nutzen (vgl. §5 Abs. 2 Bundesdatenschutzgesetz BDSG). Der Auftragnehmer wird insbesondere die Forderungen des §6 BDSG erfüllen und seine Erfüllungsgehilfen nach §5 BDSG schriftlich verpflichten.

4. Die Datenverwaltung muß dem international gültigen ANSI-SQL-Standard genügen.

5. Die Richtlinien für die Daten zur Überweisung und Buchung sind einzuhalten. Diese sind festgelegt in den Verfahrensrichtlinien VR-1234 vom 06.08.JJ und VR-2345 vom 10.11.JJJJ.

6. Der Datenaustausch zwischen dem Logistiksystem und der Systemsteuerung erfolgt unter Benutzung des TCP/IP Protokolls.

7. Die SAA-Richtlinien (SAA = Systems Application Architecture der IBM vom März 1987) sind zu berücksichtigen.

8. Nach Beendigung dieses Vertrags hat der Auftragnehmer dem Auftraggeber alle vertraulichen Unterlagen zu übergeben. Gehört solches Material nicht zu den vereinbarten Arbeitsergebnissen, kann der Auftragnehmer die Übergabe durch die unverzügliche Vernichtung ersetzen, die er dem Auftraggeber schriftlich zu bestätigen hat.

4.3.2   Unterstützung anderer Landessprachen

Nehmen wir an, ein Anwendungssystem soll nicht nur in Deutschland, sondern auch in einem anderen Land und dort mit einer anderen Sprache eingesetzt werden. Dann ist es erforderlich, die Bildschirmmasken, Druckausgaben, Textdateien und die Dokumentation in der betreffenden Landessprache zu erstellen.

Nun könnte man das gesamte System einfach kopieren und die verschiedenen Textpassagen in die neue Landessprache übersetzen. Oder die Unterstützung anderer Landessprachen wird über Parameter gesteuert. Am einfachsten löst man das Problem mit Hilfe von Tabellen, aus denen der Zusammenhang zwischen einer Benutzer- bzw. Datei-Identifikation und dem ihr zugeordneten Sprachenschlüssel hervorgeht.

■ **Möglichkeiten für die Steuerung einer anderen Landessprache:**

1. durch Eingabe des Sprachenschlüssels (Parameter) in ein dafür vorgesehenes Datenfeld in einer Bildschirmmaske, damit der Benutzer den Sprachenschlüssel für die Ausgabe eines Datensatzes oder eines Drucks individuell bestimmen kann.

2. mit Hilfe einer Steuerungstabelle für die Ausgabe einer Bildschirmmaske:

Benutzer-Identifikation	Zugeordneter Sprachenschlüssel
046631	Deutsch
088653	Deutsch
103567	Deutsch
...	...
111426	Englisch
112074	Englisch

3. mit Hilfe einer Steuerungstabelle für die Ausgabe von Datensätzen und Druckausgaben:

Datei- bzw. Druck-Identifikation	Zugeordneter Sprachenschlüssel
D123-D (Datei)	Deutsch
D123-E (Datei)	Englisch
L123-D (Liste)	Deutsch
L123-E (Liste)	Englisch

Wie dem auch sei, die Unterstützung und Steuerung anderer Landessprachen bedeutet in aller Regel einen wesentlich höheren Aufwand und ist – wenn gefordert – eine unabdingbare Komponente einer Leistungsbeschreibung.

4.3.3 Parametrisierung

Jeder, der schon einmal mit einem gekauften Programm (z.B. mit einem Textverarbeitungsprogramm) gearbeitet hat, kennt sie: die Vielfalt der möglichen Einstellungen, z.B. für die Schriftart, die Schriftgröße, die Farbe und vieles mehr. Man betätigt einen Schalter – in diesem Fall ein Feld auf dem Bildschirm – und das Programm verhält sich anders als vorher. Der Programmierer hat also die Schriftarten und -größen nicht fest und unveränderbar einprogrammiert, sondern er hat die Möglichkeit vorgesehen, diese Merkmale – ohne Eingriff in den Programm-Code – durch Setzen von Parametern dem jeweiligen Bedarf entsprechend anzupassen. Das nennt man Parametrisierung.

Auch die Unterstützung anderer Landessprachen kann – wenn entsprechend realisiert – als Sonderfall einer Parametrisierung betrachtet werden. Weil dies jedoch die Ausnahme sein dürfte und weil sich die Unterstützung anderer Landessprachen in aller Regel nicht nur auf einen einzelnen Prozeß, sondern auf das gesamte Anwendungssystem bezieht, wurde sie im vorigen Abschnitt gesondert beschrieben.

Aber jeder wird verstehen, daß der Programmierer schon bei der Erstellung des Programms wissen muß, welche Einstellungen parametrisierbar sein sollen. Nachträgliche Änderungen können sehr teuer werden und viel Zeit verschlingen. Deshalb: Wenn solche Anforderungen bestehen, gehören sie von Anfang an in die Leistungsbeschreibung.

■ **Beispiele für die Formulierung von Parametrisierungen:**

Parametrisierung:	Zugelassene Werte:
zeitlicher Horizont für die Materialdisposition	1 Woche 4 Wochen 2 Monate
Strategien für die Maschinenbelegung	• unendliche Kapazität • endliche Kapazität
Planungsstrategien für die Materialdisposition	• verbrauchsgesteuert • bedarfsgesteuert
Unterstützung anderer Landessprachen	• Deutsch • Englisch

Bei Dialog-Programmen wird die Parametrisierung über Eingaben auf dem Bildschirm gesteuert, bei Stapelverarbeitungs(Batch)-Programmen über Prozeduren. Solche Prozeduren bestehen aus Zeilen mit Anweisungen in einer Sprache, die das Betriebssystem versteht, z.B. die Job Control Language (JCL) für Host-Programme.

4.3.4 Datenbeschreibungen

Eine Datei besteht zunächst nur aus einer mehr oder weniger langen, ununterbrochenen Kette von einzelnen Speicherstellen auf dem jeweiligen Datenträger, die eine binäre Information enthalten: entweder 0 oder 1. Damit man mit dieser „Perlenkette" etwas anfangen kann, faßt man sie gedanklich zusammen: Mehrere Speicherstellen zu einem Zeichen, das einen Buchstaben, eine Ziffer, ein Sonderzeichen (z.B. Komma, Anführungszeichen) oder auch ein nicht druckbares Zeichen repräsentiert, mehrere Zeichen zu einem Feld und mehrere Felder zu einem Datensatz.

Weil diese Zusammenfassungen beliebig gewählt werden können, braucht man für jede Datei eine Beschreibung, die dem Anwendungsentwickler sagt, wie die Zusammenfassung vorgenommen wurde oder werden soll. Eine solche Beschreibung wird als Datenstruktur bezeichnet. Sie enthält die symbolischen Namen der Felder, deren Datentyp (z.B. numerisch, alphanumerisch), die Anzahl der Zeichen (Stellen), die das Feld umfaßt und – nicht zuletzt – die Namen der Felder, aus denen sich der Datensatz zusammensetzt.

Wenn Sie sich schon einmal mit solchen Strukturen beschäftigt haben, dann wissen Sie, daß die darin enthaltenen, von den Anwendungsentwicklern gewählten symbolischen Feldnamen meistens nicht selbsterklärend sind. Woher soll man auch wissen, daß z.B. der Name ROMAOP die Nummer der Arbeitsfolge und RIGMQT die Losgröße zur Mengeneinheit eines Fertigungsteils bedeutet?

Deshalb bedarf es einer Datenbeschreibung, die diesem Mangel abhilft und dem uneingeweihten Benutzer eine Vorstellung davon vermittelt, was mit einem bestimmten Datenfeld gemeint ist und welche Bedeutung ihm zukommt. Eigentlich müßte die Datenbeschreibung demnach besser „Datenfeld-Beschreibung" genannt werden, aber diese Bezeichnung ist nicht gebräuchlich.

In den folgenden Datenbeschreibungen bedeuten:

Feldname	Der symbolische Feldname ist ein technischer Begriff, mit dem ein bestimmtes Datenfeld aus einem Datensatz vom Programm angesprochen wird.
Schl ES FS	In dieser Spalte werden die Eigenschlüssel (ES) und Fremd-schlüssel (FS) zur eindeutigen Identifikation von Datensätzen innerhalb eines Datenbestands spezifiziert. Der Eigenschlüssel (ES) identifiziert den vorliegenden Datensatz, die Fremdschlüssel (FS) in einer Datenbeschreibung dienen dazu, Datensätze aus anderen Datenbeständen eindeutig zu identifizie-ren, z.B. um sie aus diesen Datenbeständen einlesen oder in diese Datenbestände ausgeben zu können. Ein Schlüssel kann auch aus mehreren Datenfeldern (Teilschlüs-seln) zusammengesetzt sein, z.B. aus dem Wert für die Arbeits-plan-Nr und dem Wert für die Arbeitsgang-Nr in einer Tabelle der Arbeitsgänge, die zu einem bestimmten Arbeitsplan gehören, z.B.: ARBEITSPLAN-NR = AP12345 (1. Teilschlüssel) ARBEITSGANG-NR = 3 (2. Teilschlüssel) Schlüssel = AP12345 3 (Gesamtschlüssel)
Typ/Länge	Daten-Typ und Länge (Anzahl der Stellen) des Datenfeldes. Abhängig von der Programmiersprache gibt es verschiedene Datentypen, z.B. • alphanumerisch (Buchstaben, Sonderzeichen und Zahlen) • Character (alphanumerisch, aber nur eine Stelle) • numerisch (nur Zahlen) • Integer (nur ganze Zahlen) • Real (Gleitkomma-Zahlen) • und andere • A(10) bedeutet ein alphanumerisches Datenfeld, zehn Stellen lang • N(3) bedeutet ein numerisches Datenfeld, drei Stellen lang • C bedeutet ein alphanumerisches Datenfeld mit nur einer Stelle (Character) Bei Kommazahlen wird üblicherweise die Gesamtlänge und die Anzahl der Kommastellen wie folgt angegeben: • A(10,2) bedeutet ein alphanumerisches Datenfeld mit der Gesamtlänge 10, davon 2 Stellen als Kommastellen

4.3.4.1 Datenbeschreibung für Eingabe-Daten

■ **Beispiel für die Beschreibung eines Datensatzes in einer einzulesenden Tabelle zur Speicherung von Arbeitsgangdaten:**

Feldname	Schl	Typ/ Länge	Beschreibung
Arbeitsplan-Nr	1. ES	A(10)	Eindeutige Nummer des Arbeitsplans
Arbeitsgang-Nr	2. ES	N(3)	Eindeutige Nummer des Arbeitsgangs (der Arbeitsfolge)
Bezeichnung		A(24)	Bezeichnung des Arbeitsgangs, z.B. „Fräsen einer Keilnut"
Maschinen-Gruppe	FS	N(4)	Nummer der Maschinengruppe, z.B. „23" (Nutenfräsmaschinen)
usw.			

4.3.4.2 Datenbeschreibung für Ausgabe-Daten

Datenbeschreibungen für die Felder eines Bildschirms und für die Ausgaben eines Programms (Dateien und Druck-Ausgaben) sollten auch erkennen lassen, wie der Wert des Datenfeldes zustande kommt. Dafür gibt es nur die folgenden Möglichkeiten:

1. Der Wert wird von einem Datenfeld eines anderen Datenbestands kopiert. Erfahrungsgemäß trifft diese Form der Datenbildung auf etwa 60-70 % aller Datenfelder zu.

2. Der Wert wird nach einer Formel oder Regel gebildet. Diese Form findet man bei rund 30 % aller Datenbildungen. Auch die Bestimmung „das Datenfeld bleibt bei der Ausgabe des Datensatzes leer (blank)" ist eine Regel in diesem Sinne.

3. Der Wert wird vom Benutzer (Sachbearbeiter) nach seinem Ermessen entschieden und manuell eingegeben. Dies betrifft etwa 10 bis 15 % aller Datenbildungen.

■ **Beispiel für die Beschreibung eines Datensatzes in einer auszugebenden Tabelle zur Speicherung von Arbeitsplandaten:**

Feldname	Schl	Typ/ Länge	Beschreibung
Arbeitsplan-Nr	1. ES	A(10)	Eindeutige Nummer des Arbeitsplans, kopiert vom entsprechenden Feld der Bildschirmmaske
Arbeitsgang-Nr	2. ES	N(3)	Eindeutige Nummer des Arbeitsgangs (der Arbeitsfolge), als laufende Nummer maschinell generiert (Regel)
Bezeichnung		A(24)	Bezeichnung des Arbeitsgangs, kopiert vom entsprechenden Feld der Bildschirmmaske
Maschinen-Gruppe	FS	N(4)	Nummer der Maschinengruppe, kopiert vom entsprechenden Feld der Bildschirmmaske
FREIGEGEBEN-JA/NEIN		C	Manuell eingegebenes Kennzeichen für die Freigabe des Arbeitsplans, Entscheidung des Arbeitsplaners
usw.			

Beispiele für die Beschreibung der Datenfelder auf einer Bildschirmmaske finden Sie in 4.8.6.3 Datenbeschreibung für eine Bildschirmmaske und im Kapitel 5 bei den Beschreibungen der einzelnen Prozesse.

4.3.5 Dateiformate

Dateiformate bezeichnen die Form, in welcher die Informationen in einer Datei gespeichert sind. Das Dateiformat steht also für eine vordefinierte Datenstruktur, d.h. für eine Datenbeschreibung ohne den Teil, der die Bedeutung eines Feldes erläutert. Dateien gibt es in den verschiedensten Formaten. Ein Format, das von einem Anwendungsprogramm ausgegeben wird, kann daher möglicherweise von einem anderen Anwendungsprogramm nicht gelesen werden, weil es standardmäßig ein anderes Format erwartet. Aber es gibt auch Programme, die Formate anderer Anwendungen importieren oder Dateien im Format einer anderen Anwendung exportieren können. Ganz allgemein gesprochen, gibt es nur zwei Sorten: Dateien im Textformat und Dateien im Binärformat. Zu den letzteren gehören auch die grafischen Dateiformate.

Damit dürfte klar sein, daß der Entwickler eines neuen Anwendungssystems die Strukturen und Formate aller Datenbestände genau kennen muß, die in seinen Programmen verarbeitet werden sollen. Dies gilt in besonderem Maße für die Datenbestände aus anderen Systemen.

4.3.5.1 Textdateien

Da sind zunächst die Textdateien, deren Sätze nur durch ein sogenanntes Wagenrücklaufzeichen begrenzt sind und daher unterschiedliche Längen haben können. Sie bestehen deshalb eigentlich nicht aus Sätzen, sondern nur aus einzelnen Feldern, die man mit jedem Text-Editor lesen und erstellen kann. Ein Text-Editor ist ein Computerprogramm, das die in einer Textdatei enthaltenen Zeichen zeilenweise, d.h. entsprechend der Begrenzung durch das Wagenrücklaufzeichen, auf den Bildschirm bringt, wo sie mit einfachen Befehlen gelöscht, verändert, kopiert und verschoben werden können. Aber Achtung: Dateien, die von den sogenannten Textverarbeitungsprogrammen (z.B. Word von Microsoft) erzeugt werden, sind keine Textdateien!

4.3.5.2 Satzorientierte Dateien

Sodann gibt es die sogenannten satzorientierten Dateien, die nicht mit Text-Editoren bearbeitet werden können, weil sie im Binärformat (bestehend aus Nullen und Einsen) vorliegen und damit viele nicht druckbare Zeichen enthalten und weil ihnen das begrenzende Wagenrücklaufzeichen fehlt. Man kann sie zwar mit einem Text-Editor aufrufen, aber dann sieht man nur lauter lustige Zeichen, die ein rechtes Kauderwelsch darstellen. Und speichern darf man sie nach dem Aufruf auf keinen Fall, da man sie damit unbrauchbar machen würde. Gute Text-Editoren geben eine Warnung aus, wenn das versucht werden sollte.

4.3.5.3 Grafische Dateiformate

Schließlich haben wir es noch mit grafischen Dateiformaten zu tun, z.B. mit Formaten, die von Scannern ausgegeben werden. Auch diese Dateien werden im Binärformat erzeugt. Scanner sind Apparate, die ein beliebiges Bild Punkt für Punkt abtasten und die Ergebnisse dieser Abtasterei in Informationen umwandeln, die von einem Grafikprogramm verstanden werden. Zu diesen Informationen gehören vor allem die X- und Y-Koordinaten des Bildpunktes und natürlich auch seine Farbkomponenten, von denen es wiederum verschiedene Arten gibt. Eine der gebräuchlichsten ist die Darstellung mit den Farben Cyan, Magenta, Gelb und Schwarz (CMYK).

Stellen Sie sich bitte vor, ein Einkäufer möchte auf seinem Bildschirm den Lieferschein sehen, der im Wareneingang angekommen ist. Kein Problem, wenn er dort mit einem Scanner eingelesen wurde und seine Bildpunkte nun in einer Datei stehen, die auf dem Bildschirm des Einkäufers ausgegeben werden können, wenn sein Bildschirm im Grafikmodus betrieben werden kann.

Hier nur einige Beispiele für gebräuchliche Grafikformate:

Format:	Kurzbeschreibung:
CPI	CPI-Dateien werden von einigen Scannern ausgegeben.
DIF/PIC	DIF- und PIC-Dateien werden von Lotus 1-2-3[1] und auch von anderen Programmen erzeugt.
PostScript[2]	PostScript-Dateien werden von Grafikprogrammen auf IBM und Macintosh Computern erstellt.
SCODL	SCODL-Dateien können auf Matrixfilmgeräten ausgegeben werden, aber nur dann, wenn diese das SCODL-Format unterstützen.
TIF	TIF-Dateien werden von optischen Scannern und anderen grafischen Anwendungen erstellt. Eine TIF-Datei ist eine „Bitmap", d.h. eine „Landkarte", bestehend aus einzelnen Bildpunkten.
WMF	Die meisten Windows[3]-Grafikanwendungen benutzen das Windows Metafile Format (WMF). Es besteht aus geraden Vektoren.

---

[1] Lotus und Lotus 1-2-3 sind eingetragene Warenzeichen der Lotus Development Corporation.
[2] PostScript ist ein eingetragenes Warenzeichen der Adobe Systems, Inc.
[3] Windows ist ein Warenzeichen der Microsoft Corporation.

4.3.6 Entscheidungstabellen

Eine gute Möglichkeit zur Formalisierung von Beschreibungen besteht im Gebrauch von Entscheidungstabellen. Für diese gibt es zwei Formen: die sogenannte vollständige und die unvollständige. Im Gegensatz zu den vollständigen Entscheidungstabellen ist bei den unvollständigen nicht jedes Kästchen in den Antwortspalten mit einem „Ja" (J) oder „Nein" (N) gefüllt. Weil die vollständige Form zur Unübersichtlichkeit neigt, empfehle ich Ihnen die unvollständige:

Tabellen-Bezeichnung:	TAB-A			
Fragen:	**Antworten:**			
1. Frage?	Nein	Ja		
2. Frage?		Ja	Nein	
3. Frage?			Nein	Ja
Aktionen:	**Reihenfolge:**			
Aktion-A durchführen		1.		
Aktion-B durchführen				1.
Aktion-C durchführen		2.	2.	
Aktion-D durchführen	1.			2.
Aktion-E durchführen			1.	
Ausgang der Tabelle:	I	II	III	IV
Fortsetzung mit Tabelle:	–	TAB-A	TAB-B	–

Wie diese Tabelle gelesen wird, sei hier kurz beschrieben:

1. Wenn die 1. Frage mit „Nein" beantwortet werden kann, wird Aktion-D durchgeführt und es gibt keine weitere Fortsetzung (Ausgang I), andernfalls wird sogleich die 2. Frage gestellt.

2. Wenn die 2. Frage mit „Ja" zu beantworten ist, wird zuerst Aktion-A und dann Aktion-C durchgeführt und danach mit der Entscheidungstabelle TAB-A fortgesetzt (Ausgang II), andernfalls wird sofort die 3. Frage gestellt.

3. Wenn die Antwort auf die 3. Frage „Nein" lautet, wird zunächst Aktion-E und Aktion-C durchgeführt und dann mit der Tabelle TAB-B fortgesetzt (Ausgang III), andernfalls wird zuerst Aktion-B und dann Aktion-D durchgeführt und eine Fortsetzung mit einer weiteren Tabelle findet nicht statt (Ausgang IV).

So einfach ist das. Außerdem ist leicht zu erkennen, daß immer gilt:

Anzahl der Ausgänge = 1 + Anzahl der Fragen

Eine Entscheidungstabelle ohne Frageteil besitzt demnach nur einen Ausgang, besteht also nur aus einer Aktion oder aus einer Folge von Aktionen.

Auf die hier geschilderte Weise könnte man eine vollständige Programmlogik in einer Art „Pseudo-Code" beschreiben, aber das ist hier nicht beabsichtigt.

Wir werden diesen Entscheidungstabellen in den folgenden Kapiteln noch öfters begegnen, vor allem aber auch bei der Zusammenstellung der Testfälle im Kapitel 7.

4.4   Der Arbeitsablauf im Anwendungssystem

Stellen Sie sich bitte ein Kraftfahrzeug vor, bei dem sich die Fußbremse vor dem Rücksitz und das Lenkrad auf dem Dach befinden. Obgleich Ihnen diese Funktionalitäten damit zur Verfügung stehen, wären Sie mit dieser Anordnung wohl kaum in der Lage, den Anforderungen des modernen Verkehrs gerecht zu werden. Ein solches Auto würden Sie niemals abnehmen.

Im Klartext: Die Bereitstellung aller erforderlichen Funktionen, die einwandfrei und der Leistungsbeschreibung entsprechend gestaltet sind, erfüllt zwar eine notwendige, aber noch keineswegs hinreichende Bedingung für die effiziente Erledigung einer Arbeit. Aus diesem Grunde ist es von entscheidender Bedeutung, daß man auf Funktionen schnell und ohne umständliche Navigationen durch einen Wust von Menüs und Verzweigungen so zugreifen kann, wie es dem ungehinderten Arbeitsfluß entspricht. Seine fachgerechte Gestaltung ist eine wichtige Voraussetzung für die Akzeptanz der Benutzer und deshalb gehört die Einhaltung und Durchführbarkeit eines durchdachten Arbeitsablaufs sowohl im gesamten Anwendungsgebiet wie auch innerhalb der einzelnen Prozesse zu den wichtigen Komponenten einer Leistungsbeschreibung.

Die Bedeutung dieser Aussage wird noch insofern unterstrichen, als manche Checklisten zur Bewertung des Projektrisikos danach fragen, ob wenigstens ein einziger Mitarbeiter des Projektteams das Fachgebiet aus eigener Erfahrung – das heißt „von innen"! – kennt.

■ **Beispiel für den Arbeitsablauf in einem Anwendungssystem:**

Arbeits-schritt	Beschreibung des Arbeitsablaufs	Bezeichnung und Modus des Prozesses
1	Die Arbeitsvorbereitung erstellt einen neuen oder überarbeitet einen vorhandenen Arbeitsplan und legt die dazu erforderlichen Betriebsmittel fest (Werkzeuge und Vorrichtungen).	Arbeitsplanung (Bildschirm-Dialog)
2	Die Zeitwirtschaft ergänzt die Arbeitspläne um Vorgabezeiten und die Betriebsmitteldaten um Rüstzeiten.	Zeitwirtschaft (Bildschirm-Dialog)
3	Die Qualitätssicherung ergänzt die Arbeitspläne um Qualitätsmerkmale und erstellt die Prüfvorschriften.	Qualitätssicherung (Bildschirm-Dialog)
4	Die Instandhaltung erstellt Wartungspläne und ergänzt die Betriebsmitteldaten um die geplanten Instandhaltungsintervalle.	Instandhaltung (Bildschirm-Dialog)
5	Danach gibt die Arbeitsvorbereitung die Arbeitspläne frei und erstellt die Aufträge für die Betriebsmittelfertigung.	Arbeitsplanung (Bildschirm-Dialog)

4.5   Die Struktur der Bildschirm-Dialoge

Die Struktur der Bildschirm-Dialoge steht in engem Zusammenhang mit dem Arbeitsablauf. Genauer gesagt: Diese Struktur muß dem fachgerechten Arbeitsablauf angepaßt sein und darf daher keinesfalls irgendwelchen zufälligen Gegebenheiten überlassen werden. Bitte sorgen Sie an dieser Stelle auch für ein gutes Konzept und stellen es als abnahmerelevantes Element in die Leistungsbeschreibung. Dies kann auf folgende Weise geschehen (Beispiel):

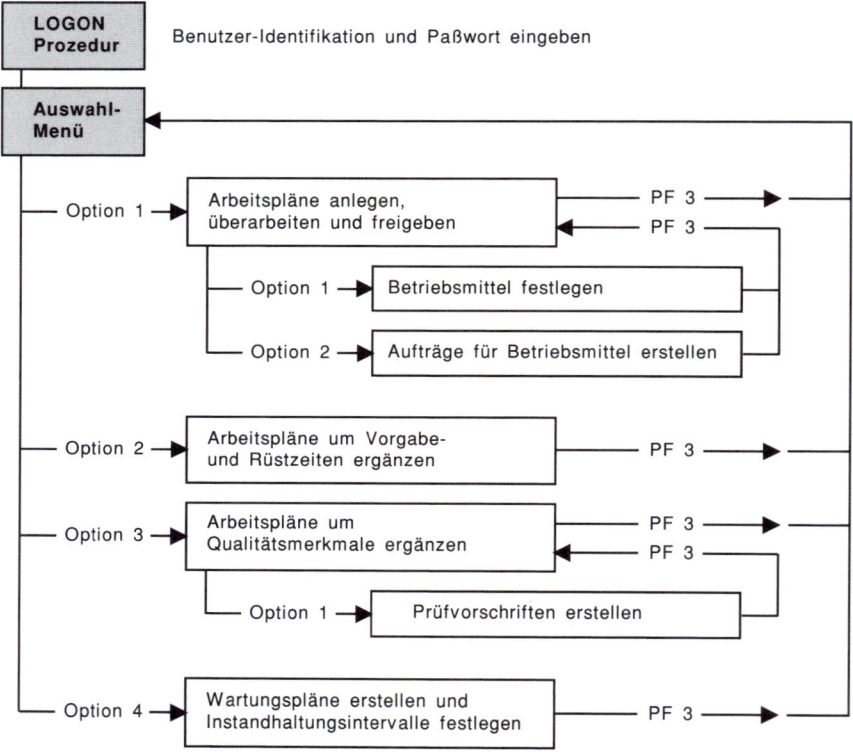

Struktur der Bildschirm-Dialoge

Eine solche Struktur liest man wie folgt:

1. Nach dem Aufruf der Anwendung wird der Benutzer in der Logon-Prozedur zunächst einmal aufgefordert, sich gegenüber dem Anwendungssystem zu identifizieren und sein Paßwort einzugeben.

2. Wenn der Benutzer registriert ist – d.h. wenn das System die eingegebene Benutzeridentifikation (die „User-ID") kennt – und das Paßwort gültig ist, wird sofort das Auswahlmenü angezeigt.

3. Im Auswahlmenü wird eine Option eingegeben, um zu dem gewünschten Prozeß zu verzweigen. Angenommen, der Benutzer hat sich für Option 1 entschieden, weil er einen Arbeitsplan anlegen, überarbeiten oder freigeben will.

4. Daraufhin wird das System prüfen, ob er überhaupt berechtigt ist, den gewählten Prozeß durchzuführen. Ist er dazu nicht berechtigt, sollte eine Fehlermeldung ausgegeben werden, die dies klar zum Ausdruck bringt. Andernfalls wird der Bildschirm für den gewählten Prozeß erscheinen.

5. In diesem Bildschirm können nun Arbeitspläne anlegen, überarbeitet und freigeben werden. Darüber hinaus hat der Benutzer zwei weitere Möglichkeiten. Er könnte die Betriebsmittel – das sind die Werkzeuge und Vorrichtungen – für die einzelnen Arbeitsgänge festlegen (Option 1) und dabei prüfen, ob diese schon vorhanden sind oder noch angefertigt werden müssen. Sind sie noch nicht vorhanden, könnte er auch die Option 2 wählen und entsprechende Aufträge an die Betriebsmittelfertigung erteilen.

6. Der Rücksprung aus allen Prozessen zum vorhergehenden Bildschirm erfolgt durch eine Betätigung der Funktionstaste PF 3.

4.6   Berechtigung (Autorisierung)

Nicht jeder wird dazu berechtigt sein, eine bestimmte Tätigkeit durchzuführen. Wenn Sie sich die Beispiele für den Arbeitsablauf in einem Anwendungssystem noch einmal ansehen, dann werden Sie feststellen: Die Arbeitsvorbereitung, die Zeitwirtschaft, die Qualitätssicherung und die Instandhaltung sind jeweils für die Erledigung ganz bestimmter Arbeitsschritte zuständig. Ein Arbeitsvorbereiter soll normalerweise keine Arbeitspläne um Qualitätsmerkmale ergänzen und Prüfvorschriften erstellen, wenn es dafür eine Qualitätssicherungsfunktion gibt. Das bedeutet, daß diese Prozesse für ihn gesperrt sein müssen.

Ein weiteres Beispiel:

Datenbestände werden normalerweise in verschiedenen Prozessen angesprochen und ganz oder teilweise auf den dazu gehörenden Bildschirmen ausgegeben, ohne daß jeder Benutzer, der für einen oder mehrere dieser Prozesse berechtigt ist, diese Datenbestände und ihre Datenfelder auch ansehen, geschweige denn verändern darf.

Stellen Sie sich dazu bitte einen Prozeß vor, um die postalische Anschrift von Mitarbeitern zu verändern. Dazu müssen ihre Personaldatensätze gelesen und anschließend mit der neuen Adresse wieder zurückgeschrieben werden. Aus Gründen des Datenschutzes dürfen jedoch nicht alle darin enthaltenen Datenfelder angezeigt und von den angezeigten auch nur diejenigen Felder verändert werden, die sich auf die neue Anschrift beziehen. Die übrigen der angezeigten Felder sind dann „geschützte (gesperrte)" Datenfelder, bei denen keine Eingabe möglich ist.

Damit erhebt sich die Frage, wie sichergestellt werden kann, daß nur Berechtigte auf einen Prozeß oder auf bestimmte Datenfelder des Bildschirms Zugriff haben. Die Berechtigung mit Hilfe von Paßwörtern ist weniger geeignet, weil dann nach jedem Paßwortwechsel – Paßwörter sollten in regelmäßigen Abständen geändert werden – die Berechtigungstabellen auf den neuesten Stand gebracht werden müssen.

Der einfachste Weg zur Autorisierung besteht darin, alle gewünschten Berechtigungsarten festzulegen und ihnen einen numerischen oder alphanumerischen Berechtigungsschlüssel zuzuordnen.

■ **Beispiele:**

Berechtigungsart	verantwortlich für	Berechtigungs-schlüssel
Arbeitsplaner	• die Anlage, Überarbeitung und Frei-gabe von Arbeitsplänen • die Festlegung der erforderlichen Betriebsmittel • die Erteilung von Aufträgen für die Betriebsmittelfertigung	10
Zeitwirtschaftler	• die Ergänzung der Arbeitspläne um Vorgabezeiten • die Ergänzung der Betriebsmittelda-ten um Rüstzeiten	20
Qualitätssicherer	• die Ergänzung der Arbeitspläne um Qualitätsmerkmale • die Erstellung von Prüfvorschriften	30
Instandhaltungs-sachbearbeiter	• die Erstellung von Wartungsplänen • die Ergänzung der Betriebsmittelda-ten um die geplanten Instandhaltungs-intervalle	40
Personalsach-bearbeiter	• Erfassung der Personaldaten • Erfassung der Gehaltsdaten • Änderung der Anschriften	50 51 52

Da sich die Benutzer beim Einstieg in einen Prozeß eines Anwendungssystems normalerweise mit ihrer Benutzer-Identifikation („User-ID") anmelden müssen, braucht man jetzt nur noch eine zweite Tabelle, in der ein Zusammenhang zwischen der Benutzer-Identifikation und dem Berechtigungsschlüssel hergestellt wird:

Benutzer-Identifikation	Zugeordneter Berechtigungsschlüssel
(Leiter der Arbeitsvorbereitung) 046631	10, 20
088653	10
103567	20
...	...
111426	50
112074	52

Mit diesem Berechtigungskonzept kann nun auch jedem Bildschirm-Dialog oder einem zu schützenden Datenfeld der jeweils erforderliche Berechtigungsschlüssel zugewiesen werden, so daß nur die dazu berechtigten (autorisierten) Benutzer einen Prozeß durchführen oder ein für andere Benutzer gesperrtes Datenfeld verändern können.

1. Beispiel für die Berechtigung zur Durchführung eines Bildschirm-Dialogs für den Arbeitsplaner:

Durchzuführender Prozeß	Erforderlicher Berechtigungsschlüssel
Anlage, Überarbeitung und Freigabe von Arbeitsplänen	10

2. Beispiele für die Berechtigung zur Anzeige von Datenfeldern und zur Veränderung von Datenfeldern auf einem Bildschirm, die für andere Benutzer gesperrt (geschützt) sind, finden Sie in 4.8.6.3 Datenbeschreibung für eine Bildschirmmaske und in Kapitel 5 bei der Beschreibung der Bildschirm-Dialoge.

4.7   Daten aus anderen Systemen

Bitte schenken Sie diesen Daten Ihre besondere Aufmerksamkeit. Erstens, weil sie eine Ausgangsbasis darstellen, auf die Sie keinen oder nur geringen Einfluß haben, und zweitens, weil Ihr ganzes Programmgebäude ins Wanken geraten kann, wenn sich ihre Struktur während der Realisierungszeit unvermutet ändert, was zum Leidwesen der Betroffenen schon öfters vorgekommen ist.

Bei modernen Anwendungssystemen wird nämlich nicht nur auf Datenbestände des Auftraggebers zugegriffen, sondern auch auf Bestände, die z.B. einem Lieferanten des Auftraggebers gehören und sich auch auf dessen Systemen befinden.

Deshalb müssen vorhandene Datenbestände des Auftraggebers oder Dritter, die in das neue System einbezogen werden sollen, nicht nur in der Leistungsbeschreibung aufgeführt, sondern dem Auftragnehmer auch als Testdatenbestände zur Verfügung gestellt werden, wobei vor allem darauf zu achten ist, daß die Daten, mit denen die erbrachte Leistung später abgenommen wird, immer noch dieselben sind wie jene, mit denen das System entwickelt wurde.

4.7.1   Allgemeine Beschreibung von Daten aus anderen Systemen

Merkmale:	Beispiele:
Bezeichnung des Datenbestands	Vorhandene Werkzeuge und Vorrichtungen
Ident-Nr des Datenbestands	WV-123
Datenbestand ist vorhanden	ja
Datei-Art	Tabelle
Dateiformat	satzorientiert
Rechteinhaber	der Auftraggeber
Herkunft (Prozeß)	Betriebsmittelplanung

Merkmale:	Beispiele:
Versionsstand	Datum des Vertragsabschlusses
Verantwortlich für die Bereitstellung eines Testdatenbestands	Auftraggeber
Termin für die Bereitstellung eines Testdatenbestands	bei Beginn der Programmierung

4.7.2   Datenbeschreibung

Ein Beispiel für die Beschreibung der Daten finden Sie in 4.3.4.1 Datenbeschreibung für Eingabe-Daten.

4.7.3   Bearbeitungen und Umstellungen

Es gibt Datenbestände, die nicht nur so, wie sie bereits bestehen, in ein neues Anwendungssystem einbezogen, sondern darüber hinaus im Rahmen der Entwicklung auch auf eine andere Datenstruktur umgestellt werden sollen. Derartige Bearbeitungen und Umstellungen unterliegen natürlich der Abnahme, wenn sie vom Auftragnehmer durchzuführen sind. Deshalb ist unbedingt vorab zu klären, wem diese Aufgabe zufällt, zu welchem Termin und ob er dazu überhaupt berechtigt ist.

Soll die Umstellung vom Auftragnehmer vorgenommen werden, gehört diese Festlegung zur Leistungsbeschreibung, soll sie dagegen vom Auftraggeber selbst durchgeführt werden, dann ist dies zusammen mit dem Fertigstellungstermin in den Mitwirkungsverpflichtungen des Vertrags festzulegen. Und bitte achten Sie darauf, daß dieser Fertigstellungstermin zu Ihren Testplänen paßt, was übrigens für alle Termine gilt, die eine Mitwirkung des Auftraggebers erfordern. In beiden Fällen muß jedoch die neue Datenbeschreibung und Datenstruktur rechtzeitig bereitgestellt werden, weil der Auftragnehmer sonst nicht weiß, woran er ist und auf welcher Grundlage er aufbauen kann.

4.7.3.1 Beschreibung der Bearbeitungen

■ **Beispiel:**

Die Datenstruktur der vorhandenen Tabelle des Auftraggebers für die Rechnungs-Kopfdaten ist zu ändern.

Merkmale:	Beispiele:
Beschreibung der Bearbeitung	Einfügen zusätzlicher Felder (siehe die Datenstruktur der einzufügenden Datenfelder)
Verantwortlich für die Bearbeitung	Auftragnehmer
Termin für die Bearbeitung	Ende des DV-technischen Entwurfs

4.7.3.2 Datenbeschreibung

Die Beschreibung der bearbeiteten (z.B. einzufügenden) Datenfelder erfolgt wie in 4.3.4.1 Datenbeschreibung für Eingabe-Daten.

4.7.3.3 Beschreibung der Umstellungen

■ **Beispiel:**

Der gesamte bereits vorhandene Datenbestand ist auf eine neue Datenstruktur umzustellen.

Merkmale:	Beispiele:
Beschreibung der Umstellung	Umstellung des gesamten vorhandenen Datenbestands auf die neue Datenstruktur (siehe Bearbeitung)
Umfang der Umstellung	ca. 3000 Datensätze
Verantwortlich für die Umstellung	Auftragnehmer
Termin für die Umstellung	Beginn derAbnahmeprüfung

4.8   Die Beschreibung eines Prozesses

Zur Beschreibung eines Prozesses im Rahmen einer Leistungsbeschreibung gehören:

1. Eine allgemeine Beschreibung

2. Falls zutreffend, eine Beschreibung einzubindender Programme und – soweit diese auch bearbeitet werden sollen – eine Beschreibung der vorzunehmenden Bearbeitungen

3. Eine Darstellung des Arbeitsablaufs bei diesem Prozeß

4. Ein Prozeßmodell

5. Eine Auflistung und Referenzierung der Eingabe-Dateien und ob es sich um Daten aus anderen Systemen oder um Ausgabe-Dateien des neuen Anwendungssystems handelt

6. Eine Beschreibung des Bildschirm-Dialogs (falls es sich bei diesem Prozeß um ein Dialogprogramm und nicht um ein Stapelverarbeitungsprogramm handelt)

7. Eine Beschreibung der Geschäftsregeln, die der Abnahme unterliegen

8. Eine Aussage zum Antwortzeitverhalten, falls eine solche vom Auftraggeber gefordert wird

9. Eine Beschreibung der Regeln für die Ausgaben dieses Prozesses

10. Eine Beschreibung der Ausgabe-Dateien und der Druck-Ausgaben, insbesondere dann, wenn es sich um Datenschnittstellen zu anderen Systemen handelt.

4.8.1 Allgemeine Beschreibung eines Prozesses

Merkmal:	Beispiele:
Bezeichnung des Prozesses	Anlage, Überarbeitung und Freigabe von Arbeitsplänen
Art des Prozesses	Bildschirm-Dialog
Rechteinhaber der Programme	Auftraggeber
Vorschriften und Standards	keine
Parametrisierung (nur bei Stapelverarbeitungsprogrammen)	nicht vorgesehen
Programmiersprache	Cobol
Quellcode-Überlassung	Ja

4.8.2 Einbindung vorhandener Programme

Bei der Erstellung eines Anwendungssystems kommt es immer wieder vor, daß vorhandene Programme des Auftraggebers oder Lizenzprogramme anderer Hersteller in irgendeiner Weise in die zu erbringende Leistung einbezogen werden sollen. Sei es, daß sie unverändert zu übernehmen sind, oder daß sie bearbeitet werden müssen. In beiden Fällen gilt sinngemäß, was im vorigen Abschnitt über die Einbeziehung vorhandener Datenbestände gesagt wurde.

Bei der Einbeziehung vorhandener Programme ist ganz besonders darauf zu achten, daß

1. keine Schutzrechte Dritter verletzt werden;

2. die einzubeziehenden Programme mit den zu erstellenden Programmen fehlerfrei zusammenwirken, was vor allem bei Lizenzprogrammen zu Problemen führen kann;

3. die Gewährleistung des Auftragnehmers für Fehler entfällt, die durch solche Programme entstehen, es sei denn, letztere sind durch den Auftragnehmer geändert (bearbeitet) worden.

Aus diesen Gründen bedarf es wohl keiner weiteren Erklärung dafür, daß die jeweilige Programmdokumentation – hoffentlich ist sie vorhanden und hinreichend aussagekräftig! – dem Auftragnehmer zugänglich gemacht werden muß.

4.8.2.1 Allgemeine Beschreibung eines einzubindenden Programms

Merkmal:	Beispiele:
Bezeichnung des Programms	Programm zur Anlage, Überarbeitung und Freigabe von Arbeitsplänen
Ident-Nr des Programms	P-12345
Art des Programms	Dialog-Programm
Lizenzprogramm Ja/Nein	nein
Rechteinhaber	Auftraggeber
Versionsstand	Datum des Vertragsabschlusses
Programmbeschreibung	Programmdokumentation vom TT.MM.JJJJ
Programmiersprache	Cobol
Quellcode verfügbar	Ja
Termin für die Bereitstellung der Programmbeschreibung und des Quellcodes	Datum des Vertragsabschlusses

4.8.2.2 Bearbeitungen eines einzubindenden Programms

■ **Beispiele für eine Beschreibung der Bearbeitungen:**
   1. Erweiterung um die Ausgabe zusätzlicher Datenfelder (siehe 4.7.3.1 Beschreibung der Bearbeitungen).
   2. Erweiterung um die Ausgabe einer Referenztabelle für neu zu erstellende Werkzeuge und Vorrichtungen.

4.8.3   Der Arbeitsablauf in einem Prozeß

Was für den Arbeitsablauf im gesamten Anwendungsgebiet gesagt wurde, gilt sinngemäß ebenso für den Arbeitsablauf innerhalb eines einzelnen Prozesses.

Beispiel für den Arbeitsablauf in einem Prozeß zur Freigabe eines Arbeitsplans und zur Erstellung der Aufträge für die Betriebsmittelfertigung:

1. Der Arbeitsvorbereiter prüft, ob der Arbeitsplan um die Vorgabezeiten, Rüstzeiten, Qualitätsmerkmale (z.B. Fertigungstoleranzen) und Prüfvorschriften ergänzt wurde und ob die Instandhaltung die Wartungspläne für die Werkzeuge und Vorrichtungen erstellt hat.

2. Wenn diese Voraussetzungen erfüllt sind, gibt der Arbeitsvorbereiter den Arbeitsplan frei.

3. Danach prüft der Arbeitsvorbereiter, ob alle in dem Arbeitsplan angegebenen Werkzeuge und Vorrichtungen vorhanden sind.

4. Wenn ein Werkzeug oder eine Vorrichtung noch nicht vorhanden ist, erstellt der Arbeitsvorbereiter dafür einen Auftrag an die Betriebsmittelfertigung.

Dieser Arbeitsablauf ist natürlich auch als Entscheidungstabelle darstellbar, was im Hinblick auf die spätere Ausarbeitung der Testfälle ohnehin zu empfehlen ist:

Fragen:	Antworten:					
Wurde der Arbeitsplan um die Vorgabezeiten und um die Rüstzeiten ergänzt?	N	J				
Wurde der Arbeitsplan mit den Qualitätsmerkmalen ergänzt?		N	J			
Sind die Prüfvorschriften erstellt worden?			N	J		
Hat die Instandhaltung die Wartungspläne für die Werkzeuge und Vorrichtungen erstellt?				N	J	
Sind die in dem Arbeitsplan angegebenen Werkzeuge und Vorrichtungen vorhanden?					N	J
Aktionen:	**Reihenfolge:**					
Aufträge für die fehlenden Werkzeuge und Vorrichtungen an die Betriebsmittelfertigung erstellen					1.	
Arbeitsplan freigeben					2.	1.
Arbeitsplan nicht freigeben	1.	1.	1.	1.		

4.8.4 Das Prozeßmodell

Aus einem Prozeßmodell soll man mit einem Blick erkennen können, welche Datenbestände eingelesen und welche ausgegeben werden. Die genauere Beschreibung der Eingaben erfolgt im nächsten Abschnitt, die der Ausgaben im Abschnitt 4.8.8 Beschreibung der Ausgaben.

■ **Beispiel für ein Prozeßmodell zur Anlage, Überarbeitung und Freigabe eines Arbeitsplans:**

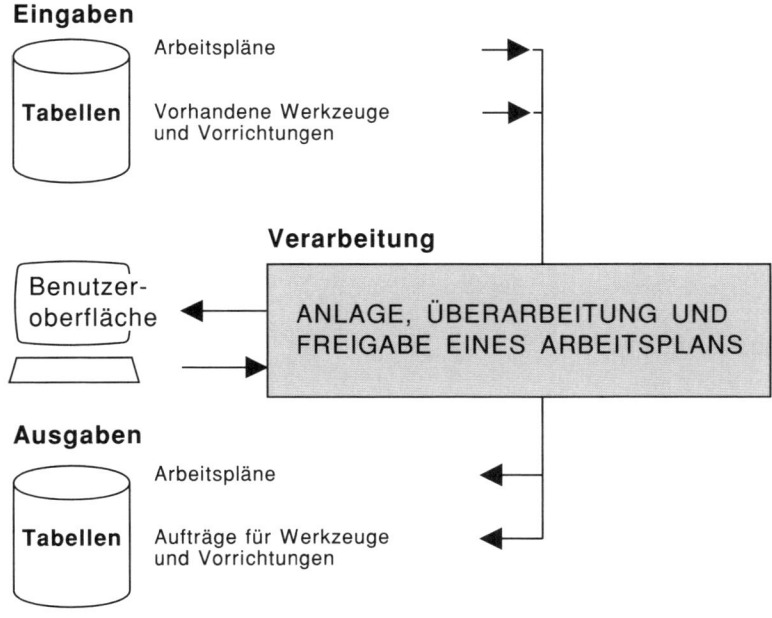

Beispiel für ein Prozeßmodell

4.8.5 Die Eingabe-Daten

■ **Beispiele:**

Bezeichnung des Datenbestands		Herkunft (Prozeß)
Arbeitspläne	4.8.8.1	Anlage, Überarbeitung und Freigabe von Arbeitsplänen
Vorhandene Werkzeuge und Vorrichtungen	4.7.1	Betriebsmittelplanung (Datenschnittstelle)

4.8.6 Bildschirm-Dialoge

Der Arbeitsablauf in einem Prozeß und der zu ihm gehörende Bildschirm-Dialog stehen in engem Zusammenhang. Beide sind wichtig für die Akzeptanz der Benutzer und für beide gilt, daß sie den fachgerechten Arbeitsfluß nicht behindern dürfen. Dennoch sind Arbeitsablauf und Bildschirm-Dialoge zwei verschiedene Dinge. So gibt es z.B. bei Stapelverarbeitungsprogrammen (Batch-Programmen) und Systemprogrammen und -Funktionen zwar einen Arbeitsablauf, aber keine Bildschirm-Dialoge.

In vielen Leistungsbeschreibungen wird indessen auf Beschreibungen der Bildschirm-Dialoge verzichtet und man überläßt ihren Inhalt und ihre Gestaltung den Anwendungsentwicklern. Es wird auch nicht immer notwendig sein, die Bildschirm-Dialoge im Rahmen einer Leistungsbeschreibung detailliert zu spezifizieren. Das hängt davon ab, ob ihre Ausprägung für den Auftraggeber den Charakter von Ergebnissen hat, die er – etwa nach einer Vorstudie – unbedingt so und nicht anders verwirklicht sehen möchte. Wenn dem so ist, dann müssen die betreffenden Leistungsmerkmale der Bildschirm-Dialoge – passend zu den dazugehörenden Arbeitsabläufen – festgelegt werden.

4.8.6.1 Allgemeine Beschreibung eines Bildschirm-Dialogs

■ **Beispiel für die allgemeine Beschreibung eines Bildschirm-Dialogs:**

Merkmal:	Beispiele:
Erforderlicher Berechtigungsschlüssel zur Durchführung des Prozesses (siehe 4.6 Berechtigung (Autorisierung))	10
Ident-Nr der Bildschirmmaske	B-AP (falls bereits festgelegt)
Bildschirmmodus	Text
Vorschriften und Standards	keine
Unterstützung anderer Landessprachen	nein
Parametrisierung	keine

Wenn zu den obengenannten Merkmalen – insbesondere zu den Vorschriften und Standards, der Unterstützung anderer Landessprachen und der Parametrisierung – weitere Angaben und Erläuterungen erforderlich sind, empfiehlt es sich, diesen Beschreibungen jeweils einen eigenen Unterabschnitt zu widmen.

4.8.6.2 Bildschirmmaske

■ **Beispiel:**

In der folgenden Abbildung bedeuten ###### Platzhalter für variable Datenfelder.

```
                          ARBEITSPLÄNE

  Arbeitsplan-Nr:  ########
  Erstellt am:     ##.##.####   Freigabe J/N:  #      Drucken D/E: #

  Letzte Version:  ########     Gültig bis: ##.##.####

  Teil-Nr:         ########     Name: #####################
  Zeichnungs-Nr:   #########

  Material:        ###################
  Abmessungen:     ###################

  Arbeitsgänge:
  Nr   Bezeichnung      Masch.Gruppe   Werkzeuge    Prüfplan   etc.

  ##   ############     ########       ########     ########   ##
  ##   ############     ########       ########     ########   ##
  ##   ############     ########       ########     ########   ##
  ##   ############     ########       ########     ########   ##

  Option:                        PF 1 = Verfügbare Betriebsmittel
  # 1 = Betriebsmittel festlegen  PF 2 = Prüfpläne
     2 = Aufträge für Betriebsmittel  PF 3 = Auswahl-Menu
  Nächste AP-Nr: ########        Eingabe = Speichern
```

Beispiel einer Bildschirmmaske

4.8.6.3 Datenbeschreibung für eine Bildschirmmaske

Anmerkung: Bitte betrachten Sie bei dem folgenden Beispiel die oben darge-stellte Bildschirmmaske. Im Gegensatz zu den Angaben in der Datenstruktur sind die Feldlängen in der Maske aus Platzgründen nicht korrekt dargestellt.

In der folgenden Tabelle bedeuten:

BA	erforderlicher Berechtigungsschlüssel für die Anzeige des Feldes
BV	erforderlicher Berechtigungsschlüssel für eine Veränderung des Feldes
G	Geschütztes (gesperrtes) Datenfeld für alle Benutzer

Regeln für die Datenbildung:

Regel 1	Der Wert des Datenfeldes wird bei der Anlage eines Arbeitsplans maschinell generiert, bei der Überarbeitung oder Freigabe aus der eingelesenen Tabelle der Arbeitspläne kopiert
Regel 2	wird vom Arbeitsplaner am Bildschirm eingegeben
Regel 3	bleibt bei der Anlage leer, wird bei der Überarbeitung oder Frei-gabe aus der eingelesenen Tabelle der Arbeitspläne kopiert

Feldname	**Typ/ Länge**	**B A**	**B V**	**Beschreibung**
Arbeitsplandaten:				
ARBEITSPLAN-NR	A(8)		G	Eindeutige Nummer des Arbeitsplans, Regel 1
ERSTELLT-AM	A(10)		G	Datum der Erstellung des Arbeitsplans, Regel 1
FREIGABE-JA/NEIN	C		10	Kennzeichen für die Freigabe eines Arbeitsplans, Regel 2

Feldname	Typ/ Länge	B A	B V	Beschreibung
DRUCKEN-D/E	C		10	Kennzeichen für den Ausdruck des Arbeitsplans auf dem Arbeitsplatzdrucker, D = Deutsch, E = Englisch Regel 2
LETZTE-VERSION	A(8)		G	Nummer der letzten Version des Arbeitsplans, Regel 3
GUELTIG-BIS	A(10)		G	Datum, bis zu dem die letzte Version des Arbeitsplans gültig ist, Regel 3
TEIL-NR	A(12)		10	Nummer des Teils, das nach dem Arbeitsplan gefertigt werden soll, Regel 2
TEIL-NAME	A(24)		G	Name des Teils, Regel 3
ZEICHNUNGS-NR	A(12)		G	Nummer der Zeichnung, nach der das Teil gefertigt werden soll, Regel 3
MATERIAL	A(20)		10	Bezeichnung des Materials, aus dem das Teil gefertigt werden soll, Regel 3
ABMESSUNGEN	A(20)		10	Abmessungen des Rohlings, aus dem das Teil gefertigt werden soll, Regel 2

Feldname	Typ/ Länge	B A	B V	Beschreibung
Arbeitsgangdaten:				
ARBEITSGANG-NR	N(3)		G	Eindeutige Nummer des Arbeits-gangs (Arbeitsfolge), als laufende Nummer maschinell generiert
BEZEICHNUNG	A(24)		10	Bezeichnung des Arbeitsgangs, Regel 2
MASCHINEN-GRUPPE	A(8)		10	Nummer der Maschinengruppe, Regel 2
WERKZEUG-NR	A(8)		10	Nummer des einzusetzenden Werk-zeugs, Regel 2
PRUEFPLAN-NR	A(8)		G	Nummer des Prüfplans, bleibt bei der Anlage leer, wird bei der Überarbeitung oder Freigabe aus der eingelesenen Tabelle der Arbeitsgänge kopiert
usw.				

4.8.6.4 Einzelheiten zum Arbeitsablauf

Auch wenn die Bildschirmmaske noch nicht festgelegt wurde, empfiehlt sich eine kurze Beschreibung der wichtigsten Merkmale für den Arbeitsablauf am Bild-schirm.

Das folgende Beispiel für eine solche Beschreibung bezieht sich auf den Bild-schirm-Dialog für die Anlage, Überarbeitung und Freigabe von Arbeitsplänen:

Merkmal:	Beispiele:
Einstieg in den Prozeß	über ein Auswahlmenü
Anzeige von Datenfeldern nach dem Einstieg	die Arbeitsplan- und Arbeitsgangdaten
Weiterblättern	mit PF8 (vor) und PF7 (zurück) in den Arbeitsgängen
Durchführung wichtiger Aktionen	• ein Arbeitsplan wird durch Eingabe eines „J" in ein bestimmtes Feld freigegeben • der vorliegende Arbeitsplan wird durch Eingabe eines „D" oder „E" in ein bestimmtes Feld freigegeben („D" für den Ausdruck in Deutsch, „E" für Englisch)
Abschließen der Bearbeitung eines Vorgangs	mit der Eingabe(Enter)-Taste
Nachträgliche Korrektur eines abgeschlossenen Vorgangs	durch Eingabe der betreffenden Arbeitsplan-Nr in das Feld „Nächste-AP-Nr" werden die Daten des zu korrigierenden Arbeitsplans angezeigt

4.8.6.5 Hilfsfunktionen

Wahrscheinlich kennen Sie das Problem: Der zur Verfügung stehende Raum auf einer Bildschirmoberfläche ist äußerst begrenzt und reicht in vielen Fällen nicht aus, um alles darzustellen, was für den Arbeitsablauf erforderlich ist. Mit dem Aufruf von Hilfsfunktionen werden einzelne Teile des Bildschirms ausgeblendet und durch andere Darstellungen ersetzt, oder es werden bestimmte Datenfelder für eine zusätzliche Bearbeitung aktiviert. Im Textmodus verwendet man zum Aufruf von Hilfsfunktionen sehr oft Funktionstasten, im Grafikmodus werden dazu bestimmte Felder oder Knöpfe („Buttons") angeklickt. Für Hilfsfunktionen gibt es zahllose Möglichkeiten.

- **Einige Beispiele:**

  - Öffnen und Schließen zusätzlicher Menüs auf dem Bildschirm (z.B. sog. „Pull-Down-Menüs").

  - Einblenden von allgemeinen Informationen und Hinweisen oder Hilfen zur Bearbeitung einzelner Datenfelder. Dies gilt insbesondere für Felder, in die vordefinierte Werte einzugeben sind (z.B. Anzeige verfügbarer Materialien und Abmessungen).

  - Anzeige der Betriebsmitteldaten, wenn die Funktionstaste PF 1 gedrückt und Anzeige der vorhandenen Prüfpläne, wenn die Funktionstaste PF 2 gedrückt wird:

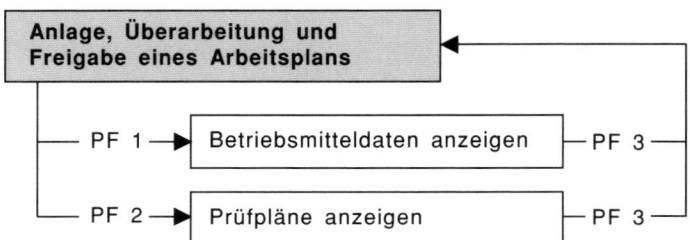

Beispiel einer Bildschirmstruktur für Hilfsfunktionen

Tabellarische Beschreibung dieser Hilfsfunktionen:

Optionen (Eingabe)	Masken-Identifikation	Beschreibung der Einblendung:
PF 1	HB-BD	Betriebsmitteldaten
PF 2	HB-PP	Prüfpläne
PF 3	B-AP	Rücksprung zur Maske zur Anlage, Überarbeitung und Freigabe eines Arbeitsplans (Löschen der eingeblendeten Anzeige)

4.8.6.6 Verzweigung zu anderen Prozessen

Ganz ähnlich wie bei den Hilfsfunktionen verzweigt man zu einem anderen Bildschirm-Dialog, wenn der zur Verfügung stehende Raum auf einer Bildschirmoberfläche nicht ausreicht, um alles darzustellen, was für die Erledigung einer Aufgabe erforderlich ist. Dadurch entstehen manchmal ganze Kaskaden von Bildschirmfolgen und es geschieht nicht selten, daß man sich auf dem Weg nach vorne oder zurück etwas verheddert und gar nicht mehr so recht weiß, wo man sich gerade befindet und wie man weiterkommt. Wenn dann noch unterschiedliche Befehle erteilt (z.B. unterschiedliche Funktionstasten betätigt) werden müssen, um von einer Funktion zu einer anderen zu springen, kann es ziemlich schlimm werden. Ich spreche da aus Erfahrung. Deshalb mein Rat: Bleiben sie bei der Festlegung von Verzweigungen zu anderen Funktionen möglichst einfach und konsistent mit dem fachgerechten Arbeitsablauf.

■ **Beispiel für die Verzweigung zu anderen Prozessen:**

Beispiel einer Bildschirmstruktur für Verzweigungen

Tabellarische Beschreibung der Verzweigung zu anderen Prozessen:

Optionen (Eingabe)	Bildschirm-Identifikation	Bezeichnung des Prozesses:
1	B-BM	Betriebsmittel festlegen
2	B-AB	Aufträge für Betriebsmittel erstellen
PF 3	B-AM	Rücksprung zum Auswahlmenü

4.8.7   Geschäftsregeln – die „Business Rules"

Möglicherweise werden Sie jetzt fragen: Geschäftsregeln in einer Leistungsbeschreibung? Was soll das? Natürlich wäre es falsch, alle möglichen Verarbeitungsregeln in eine Leistungsbeschreibung hineinpacken zu wollen. Aber es gibt einzelne Verarbeitungsregeln, die für den Auftraggeber aus fachlichen Gründen sehr wichtig sind. Zu dieser Sorte gehören die Geschäftsregeln – die sogenannten „Business Rules".

Die einfachste Form einer Geschäftsregel ist wohl die Berechnung der Mehrwertsteuer (Mehrwertsteuer = Nettobetrag x Mehrwertsteuer-Prozentsatz / 100). Bei Rabattstaffeln wird es schon etwas schwieriger und die Regeln für eine Bonitätsprüfung werden noch komplexer sein. Darüber hinaus haben Geschäftsregeln die etwas unangenehme Eigenschaft, daß sie sich schnell und unerwartet ändern können. Denken Sie nur an die Mehrwertsteuer. Wollen Sie dann jedesmal Ihren Programmcode umschreiben lassen? Sicherlich nicht.

Also was tut man? Man „externalisiert" die maßgeblichen Daten dieser Regeln, das heißt, man schreibt sie nicht als feste Konstanten in den Programm-Code, sondern in externe Dateien (z.B. den Mehrwertsteuersatz in eine Mehrwertsteuer-Tabelle), die sich „von außen" viel leichter ändern lassen, so daß das Programm jeweils den neuesten Stand einlesen und verarbeiten kann.

Und damit sind wir wieder bei der Leistungsbeschreibung. Denn welche Regeln für den Auftraggeber besonders wichtig sind, welche Daten externalisiert werden sollen und auf welche Art dies zu geschehen hat, das sind abnahmefähige und – nicht zu vergessen! – aufwandsrelevante Elemente.

Und bitte beachten Sie:

Wenn ein Programm die Regeln genau so einhält, wie sie in der Leistungsbeschreibung dargestellt sind, arbeitet das Programm „vertragsgemäß" nach §640 BGB und muß daher abgenommen werden, auch wenn sich das erwartete Ergebnis zunächst nicht einstellt und die Programmlogik – rechtlich gesehen auf Kosten des Auftraggebers – nachgearbeitet werden muß.

4.8.7.1 Regeln für die Bildung einzelner Datenelemente

1. Beispiel:

Mehrwertsteuer = Nettobetrag x Mehrwertsteuer-Prozentsatz/100

2. Beispiel:

Wenn der Auftragswert größer als 100 DM ist, werden keine Versandkosten berechnet.

Darstellung dieser Regel in Form einer Entscheidungstabelle:

Frage:	Antworten:	
Auftragswert > 100 DM ?	Nein	Ja
Aktionen:	**Reihenfolge:**	
Versandkosten berechnen	1.	
Versandkosten nicht berechnen		1.

3. Beispiel:

Berechnung der Einkommensteuer für die Veranlagungszeiträume 1999 bis 2001

EStG §32a vom Dezember 1998

(1)[4] Die tarifliche Einkommensteuer bemißt sich nach dem zu versteuernden Einkommen. Sie beträgt vorbehaltlich der §§32b, 34, 34b und 34c jeweils in Deutsche Mark für zu versteuernde Einkommen

1. bis 13067 Deutsche Mark (Grundfreibetrag): 0;
2. von 13068 Deutsche Mark bis 17063 Deutsche Mark:
   $(350,35 * y1 + 2390) * y1$;
3. von 17064 Deutsche Mark bis 66365 Deutsche Mark:
   $(101,31 * y2 + 2670) * y2 + 1011$;
4. von 66366 Deutsche Mark bis 120041 Deutsche Mark:
   $(151,93 * z + 3669) * z + 16637$;
5. von 120042 Deutsche Mark an:
   $0,53 * x - 22886$;

„y1" ist ein Zehntausendstel des 13014 Deutsche Mark übersteigenden Teils des abgerundeten zu versteuernden Einkommens. „y2" ist ein Zehntausendstel des 17010 Deutsche Mark übersteigenden Teils des abgerundeten zu versteuernden Einkommens. „z" ist ein Zehntausendstel des 66312 Deutsche Mark übersteigenden Teils des abgerundeten zu versteuernden Einkommens. „x" ist das abgerundete zu versteuernde Einkommen.

(2) Das zu versteuernde Einkommen ist auf den nächsten durch 54 ohne Rest teilbaren vollen Deutsche-Mark-Betrag abzurunden, wenn es nicht bereits durch 54 ohne Rest teilbar ist.

---

4   Zur Anwendung ab Veranlagungszeitraum 2000 siehe §52 Abs. 41.

(3) Die zur Berechnung der tariflichen Einkommensteuer erforderlichen Rechenschritte sind in der Reihenfolge auszuführen, die sich nach dem Horner-Schema ergibt. Dabei sind die sich aus den Multiplikationen ergebenden Zwischenergebnisse für jeden weiteren Rechenschritt mit drei Dezimalstellen anzusetzen; die nachfolgenden Dezimalstellen sind fortzulassen. Der sich ergebende Steuerbetrag ist auf den nächsten vollen Deutsche-Mark-Betrag abzurunden.

(5) Bei Ehegatten, die nach den §§26, 26b zusammen zur Einkommensteuer veranlagt werden, beträgt die tarifliche Einkommensteuer vorbehaltlich der §§32b, 34, 34b und 34c das Zweifache des Steuerbetrags, der sich für die Hälfte ihres gemeinsam zu versteuernden Einkommens nach den Absätzen 1 bis 3 ergibt (Splitting-Verfahren). ...

EStG §52 (41)

§32a Abs. 1 ist anzuwenden
1. für die Veranlagungszeiträume 2000 und 2001 in der folgenden Fassung:

(1) Die tarifliche Einkommensteuer bemißt sich nach dem zu versteuernden Einkommen. Sie beträgt vorbehaltlich der §§32b, 34, 34b und 34c jeweils in Deutsche Mark für zu versteuernde Einkommen

1. bis 13499 Deutsche Mark (Grundfreibetrag): 0;
2. von 13500 Deutsche Mark bis 17495 Deutsche Mark:
    $(262{,}76 * y + 2290) * y$;
3. von 17496 Deutsche Mark bis 114695 Deutsche Mark:
    $(133{,}74 * z + 2500) * z + 957$;
4. von 114496 Deutsche Mark an: $0{,}51 * x - 20575$;

„y" ist ein Zehntausendstel des 13446 Deutsche Mark übersteigenden Teils des abgerundeten zu versteuernden Einkommens. „z" ist ein Zehntausendstel des 17442 Deutsche Mark übersteigenden Teils des abgerundeten zu versteuernden Einkommens. „x" ist das abgerundete zu versteuernde Einkommen.

Alles klar?

Die Tabellen für die Berechnung der Einkommensteuer in einem Verdienstabrechnungs-Programm würden demnach wie folgt aussehen:

Zunächst die **Datentabelle**. Die etwas seltsam anmutenden Zahlen sind jeweils den Absätzen (1) und (2) des §32a (für den Veranlagungszeitraum 1999) bzw. dem Absatz (41) des §52 (für die Veranlagungszeiträume 2000 und 2001) entnommen:

Veranlagungszeitraum: 1999					
Zeilen-Nr:	Werte:				
	E	A	B	C	D
1	13067	13014	350,35	2390	0
2	17063	17010	101,31	2670	1011
3	66365	66312	151,93	3669	16637
4	120041	0	0,53	22886	0

Veranlagungszeitraum: 2000 und 2001					
Zeilen-Nr:	Werte:				
	E	A	B	C	D
1	13499	13446	262,76	2290	0
2	17495	17442	133,74	2500	957
3	17495	17442	133,74	2500	957
4	114695	0	0,51	20575	0

Und hier nun die **Entscheidungstabellen** (die „Programmlogik"). Bitte beachten Sie, daß diese „Logik" für beide Veranlagungszeiträume gleich bleibt, wobei jeweils:

VE54 =   das zu versteuernde Einkommen, abgerundet auf den nächsten durch 54 ohne Rest teilbaren Betrag, wenn es nicht bereits ohne Rest durch 54 teilbar ist.

Zeilen-Nr =   Zeilen-Nr der Datentabelle für den entsprechenden Veranlagungszeitraum

Tabellenbezeichnung: A					
Fragen:	**Antworten:**				
VE54 > **E** aus Zeilen-Nr 1?	N	J			
VE54 > **E** aus Zeilen-Nr 2?		N	J		
VE54 > **E** aus Zeilen-Nr 3?			N	J	
VE54 > **E** aus Zeilen-Nr 4?				N	J
Aktionen:	**Reihenfolge:**				
Einkommensteuer = 0	1.				
Die Werte **A** bis **D** aus Zeilen-Nr 1 entnehmen		1.			
Die Werte **A** bis **D** aus Zeilen-Nr 2 entnehmen			1.		
Die Werte **A** bis **C** aus Zeilen-Nr 3 entnehmen				1.	
Die Werte **A** bis **C** aus Zeilen-Nr 4 entnehmen					1.
VE= (VE54 - **A**)/10000		2.	2.	2.	
P1 = **B** * VE		3.	3.	3.	
Einkommensteuer = **B** * VE54 - **C**					2.
Dezimalstellen von P1 nach der 3. Stelle streichen		4.	4.	4.	
Einkommensteuer = (P1 + **C**) * VE + **D**		5.	5.	5.	
Einkommensteuer auf vollen DM-Betrag abrunden		6.	6.	6.	3.

Fragen:	Antworten:	
Handelt es sich um Ehegatten, die nach den §§26, 26b zusammen zur Einkommensteuer veranlagt werden?	N	J
Aktionen:	**Reihenfolge:**	
Zu versteuerndes gemeinsames Einkommen durch 2 teilen		1.
Einkommensteuer nach Tabelle A berechnen	1.	2.
Einkommensteuer = das Zweifache der nach Tabelle A berechneten Einkommensteuer		3.

4.8.7.2 Regeln für die Bildung von Fehlermeldungen

In jedem Anwendungssystem gibt es eine Vielzahl von Fehlermeldungen, Warnungen und Hinweisen. Zumindest sollte es sie geben, weil sie den Umgang mit dem System wesentlich erleichtern und damit die Akzeptanz erhöhen. Wohl jeder, der schon einmal mit Anwendungsprogrammen gearbeitet hat, dürfte sich schon darüber geärgert haben, daß das System nicht tat, was er erwartet hatte und er nicht wußte, warum. Es gibt auch Fehlermeldungen, die zwar sagen, daß etwas nicht funktioniert hat, aber nicht die Gründe dafür nennen. Auf derartige Hinweise wird man im allgemeinen gerne verzichten.

Als abnahmerelevante Komponenten sind Fehlermeldungen, Warnungen und Hinweise nur dann in die Leistungsbeschreibung aufzunehmen, wenn sie dem Auftraggeber als unverzichtbares Ergebnis besonders wichtig erscheinen. Die Anwendungsentwickler sollten aber dennoch einen extensiven Gebrauch von solchen Nachrichten machen, auch wenn nicht jede einzelne explizit spezifiziert wurde.

Fehlermeldungen, Hinweise und Warnungen im Zusammenhang mit Datei- und Druckausgaben beziehen sich in aller Regel auf Konsistenz- und Plausibilitätsprüfungen. Entweder sie führen dann zu eigenständigen Fehlerlisten und Fehlerprotokollen, oder – was seltener vorkommt – zu Nachrichten, die direkt in die Datei oder Druck-Ausgabe geschrieben und zusammen mit diesen spezifiziert werden, z.B. in einer Artikelliste: „Der aktuelle Artikelbestand ist kleiner als der Mindestbestand. Bitte neu disponieren.".

Fehlermeldungen, Warnungen und Hinweise lassen sich folgendermaßen gruppieren:

4.8.7.2.1 Fehlermeldungen bei Nichtdurchführbarkeit beabsichtigter Aktionen

■ **Beispiele:**

- wenn eine Kundennummer gesucht wird, die noch nicht existiert;
- wenn ein Arbeitsplan freigegeben werden soll, der noch nicht durch die Qualitätssicherungsfunktion, die Zeitwirtschaft und die Instandhaltung ergänzt wurde;
- wenn die Verzweigung zu einer Funktion versucht wurde, ohne daß der Benutzer dazu berechtigt ist.

4.8.7.2.2 Fehlermeldungen bei falscher oder unzulässiger Dateneingabe

■ **Beispiele:**

- wenn ein alphanumerischer Wert in ein Datenfeld eingegeben wurde, das einem numerischen Wert vorbehalten ist.
- wenn der eingegebene Wert außerhalb zulässiger Grenzen liegt;
- wenn ein ungültiges Datum eingegeben wurde, z.B. 35.06.2000;
- wenn ein Wert eingegeben wurde, der zwar für sich allein betrachtet richtig sein könnte, aber nicht zu den übrigen Attributen paßt, die mit ihm im Zusammenhang stehen (z.B. sollte man einem männlichen Patienten keine Schwangerschaftsgymnastik verschreiben können!).

4.8.7.2.3 Warnungen vor möglichen Schäden

Solche Warnungen werden ausgegeben, um z.B. die Zerstörung oder das unbeabsichtigte Überschreiben einzelner Datensätze oder ganzer Dateien zu verhindern.

4.8.7.2.4 Hinweise, die für den Benutzer hilfreich sind

Dazu zählen alle Meldungen, die weder Fehler noch Warnungen darstellen. Beispiele: die Anzahl noch unerledigter Vorgänge oder der Hinweis, daß im elektronischen Postkorb eine neue Nachricht eingegangen ist.

4.8.7.3 Regeln für Prozeduren und Abläufe

Angenommen, der Auftraggeber verlangt im Rahmen des neuen Anwendungssystems die Durchführung von Simulationen und Optimierungen.

Simulationen („was wäre, wenn ...") und Optimierungen erfordern einen erhöhten Programmieraufwand und daher eine genaue Beschreibung der Voraussetzungen, Vorgaben, Annahmen und Abläufe. Da jedoch nicht davon ausgegangen werden kann, daß die gewünschten Simulations- und Optimierungsergebnisse in jedem der später auftretenden Fälle tatsächlich erzielt werden, darf sich die Abnahmeprüfung nicht auf die beabsichtigten Ergebnisse, sondern ausschließlich auf die Einhaltung der dafür vorgegebenen Bedingungen und Regeln beschränken. Deshalb ist es so wichtig, diese genau zu beschreiben.

■ **Beispiele für Simulationen und Optimierungen:**
- Optimierung der Auftragsreihenfolge und Maschinenbelegung
- Simulation verschiedener Planungsalternativen
- Minimierung von Rüstzeiten
- Verschnittoptimierung

Dabei muß auch beachtet werden, daß sich Optimierungen gegenseitig ausschließen können. Dies ist z.B. der Fall bei der Optimierung der Auftragsreihenfolge und Maschinenbelegung einerseits und der Minimierung von Rüstzeiten andererseits. Bei der Optimierung der Maschinenbelegung sucht das System nach einer Reihenfolge der zu bearbeitenden Aufträge, bei der möglichst keine oder nur die kleinstmöglichen Lücken in der Maschinenauslastung entstehen. Bei der Minimierung von Rüstzeiten sucht das System hingegen nach einer Bearbeitungsreihenfolge, bei der die Werkzeuge und Vorrichtungen möglichst selten gewechselt zu werden brauchen. Hier muß man sich also entscheiden, und diese Entscheidung kann z.B. wiederum durch eine Simulation der dadurch entstehenden Ergebnisse erleichtert werden.

Das folgende Beispiel ist stark vereinfacht und soll lediglich das Prinzip demonstrieren, wie die Regeln für eine Minimierung der Rüstzeiten mit Hilfe von zwei Entscheidungstabellen formuliert werden können.

■ **Beispiel:**
Die erste Tabelle hat keine Fragen, sondern nur eine Aktion und einen Ausgang:

Tabellen-Bezeichnung: A	
Aktion:	**Reihenfolge:**
Bearbeitungsauftrags-Datenbank lesen	1.
Fortsetzung mit Tabelle:	B

Danach wird mit der zweiten Tabelle fortgesetzt:

Tabellen-Bezeichnung: B			
Frage:		**Antworten:**	
Ist ein nächster Bearbeitungsauftrag vorhanden (kein Ende der Auftrags-Datenbank)?	N	J	
Ist der Bearbeitungsauftrag noch unerledigt?		N	J
Aktionen:		**Reihenfolge:**	
Den dazu gehörenden Arbeitsplan in der Arbeitsplan-Datei lesen			1.
Einen neuen Satz in einer temporären Datei anlegen, der folgende Daten enthält: 1. Bezeichnung des Auftrags 2. Erforderliche Werkzeuge und Vorrichtungen 3. Verfügbarkeitsdatum (Ende des vorausgehenden Arbeitsgangs)			2.
Die temporäre Datei sortieren nach 1. Erforderlichen Werkzeugen und Vorrichtungen 2. Verfügbarkeitsdatum			3.
Die sortierte temporäre Datei auf dem Bildschirm ausgeben			4.
Manuelle Verschiebungen in der entstandenen Reihenfolge durch den Arbeitsplaner ermöglichen			5.
Den nächsten Bearbeitungs-Auftrag lesen		1.	6.
Fortsetzung mit Tabelle:		-	B B

■ **Ein weiteres Beispiel:**

Die Sitzverteilung bei einer Kommunalwahl soll von einem Auswertungsprogramm nach dem D'Hondtschen Höchstzahl-Verfahren ermittelt werden:

Tabellenbezeichnung: TAB-A	
Aktion:	**Reihenfolge:**
Für jede Partei die Gesamtzahl ihrer Stimmen ermitteln	1.
Der Partei mit der höchsten Stimmenzahl den ersten Sitz zuweisen und diese Stimmenzahl für die weitere Sitzermittlung sperren	2.
Aktuellen Teiler = 1 setzen	3.
Fortsetzung mit Tabelle:	TAB-B

Tabellenbezeichnung: TAB-B		
Frage:	**Antworten:**	
Sind alle Sitze verteilt?	Ja	Nein
Aktionen:	**Reihenfolge:**	
Den aktuellen Teiler um 1 erhöhen		1.
Die Gesamtzahl der Stimmen jeder Partei durch den aktuellen Teiler teilen		2.
Alle noch nicht gesperrten Stimmenzahlen betrachten (auch diejenigen, welche aus den vorhergehenden Teilungen übriggeblieben sind)		3.
Der Partei mit der verbliebenen – nicht gesperrten – höchsten Stimmenzahl den nächsten Sitz zuweisen und diese Stimmenzahl für die weitere Sitzermittlung sperren		4.
Fortsetzung mit Tabelle:	–	TAB-B

Zum Schluß noch ein gutgemeinter Rat: Wenn es nicht möglich ist, den Ablauf, die Bedingungen und Regeln für Prozeduren und Abläufe exakt zu formulieren, dann sollte man auf diese Forderung bzw. Zusage ganz verzichten und nicht glauben, daß man sie später schon „irgendwie" hinkriegen werde. Man wird sie genausowenig hinkriegen wie ihre Beschreibung.

4.8.7.4 Regeln für die Ausgaben eines Programms

Auch hier empfiehlt sich die Externalisierung der Regeln, wenn zu erwarten ist, daß sie sich öfters ändern. Normalerweise ist dies aber seltener der Fall als bei den anderen Geschäftsregeln.

Die fachlichen Regeln für die Ausgaben eines Programms umfassen die Voraussetzungen für das Erstellen (Anlegen), Ändern, Sperren, Inaktivieren und Löschen.

■ **Beispiele:**

- Wenn eine Fertigungsteil-Nummer bereits vorhanden ist, wird das Anlegen eines neuen Teilestammsatzes abgelehnt und die vorhandene Teil-Nummer angezeigt.
- Ein Arbeitsplan darf nur für einen vorhandenen Teilestammsatz angelegt werden.
- Die Änderung einer Stückliste soll erst nach der Anpassung der betreffenden Arbeitspläne möglich sein.
- Basisdaten dürfen nur bis zu ihrer Freigabe geändert werden.
- Datensätze von Stücklisten dürfen erst nach Ablauf der Aufbewahrungsfrist gelöscht werden.
- Voraussetzungen für die Löschung von Teilestammsätzen in Form einer Entscheidungstabelle:

Fragen:	Antworten:					
Ist Strukturverbindung zu Komponenten vorhanden?	J	N				
Ist Strukturverbindung zu Verwendungen vorhanden?		J	N			
Sind Bestände von diesem Teil vorhanden?			J	N		
Liegen Anforderungen für dieses Teil vor?				J	N	
Gibt es Aufträge für diese Teile?					J	N
Aktionen:	**Reihenfolge:**					
Teilestammsatz löschen						1.
Teilestammsatz nicht löschen	1.	1.	1.	1.	1.	

- Bei der Überarbeitung eines Arbeitsplans für ein Fertigungsteil wird die vorhergehende Version mit dem Datum, bis zu dem sie gültig war, gespeichert:

Fragen:	Antworten:		
Ist ein Teilestammsatz vorhanden?	N	J	
Überarbeitung eines vorhandenen Arbeitsplans?		N	J
Aktionen:	**Reihenfolge:**		
Arbeitsplan darf nicht angelegt werden	1.		
Vorhandenen Arbeitsplan mit seinem letzten Gültigkeitsdatum speichern (letzte Version)			1.
Arbeitsplan anlegen (als neue Version)		1.	2.

- Ändert sich der Mehrwertsteuer-Prozentsatz, dann wird die betreffende Datentabelle nicht einfach überschrieben, sondern es wird eine weitere Zeile mit dem neuen Mehrwertsteuer-Prozentsatz und dem neuen Gültigkeitsdatum an die vorhandene Tabelle angehängt.

- Wenn sich die Datentabelle für die Berechnung der Einkommensteuer ändert, werden weitere Zeilen mit den neuen Daten hinzugefügt, zusammen mit dem Datum, ab dem die neuen Werte gelten sollen, oder es wird eine neue Tabelle mit einem neuen Datum, ab dem sie gültig sein soll, zusätzlich zur alten als neue Version gespeichert.

4.8.8   Beschreibung der Ausgaben

Was würde ein Anwendungssystem nützen, das keine Daten liefert? Es wäre reiner Selbstzweck. Und den könnte man sich ersparen. Der Sinn eines Anwendungssystems besteht in der Bereitstellung von Daten, die außerhalb dieses Systems benötigt werden. Solche Daten können auch Informationen sein, die lediglich auf einem Bildschirm ausgegeben werden, z.B. aktuelle Börsenkurse.

Während normalerweise die Merkmale auszugebender Datenbestände, die ausschließlich innerhalb des Anwendungssystems verwendet werden, erst später bei der Anwendungsentwicklung festgelegt werden können, sind die Datenschnittstellen zu anderen Systemen fast immer vorbestimmt. Wie sich in der Praxis gezeigt hat, wird die Realisierung solcher Schnittstellen allzuoft unterschätzt, was dann zu unvorhergesehenen und ungeplanten Aufwänden führt. Deshalb darf die lückenlose Auflistung und genaue Beschreibung zumindest der Datenschnittstellen zu anderen Systemen in keiner Leistungsbeschreibung fehlen.

4.8.8.1 Allgemeine Beschreibung

Merkmale:	Beispiele:
Bezeichnung des Datenbestands	Arbeitspläne
Ident-Nr des Datenbestands	AP-123 (falls bereits festgelegt)
Datei-Art	Tabelle
Dateiformat	satzorientiert
Vorschriften und Standards	keine
Zugeordneter Sprachenschlüssel	Deutsch
Verwendung in anderen Systemen	Fertigung (Datenschnittstelle)

4.8.8.2 Datenbeschreibung

Die Beschreibung der Daten erfolgt wie in 4.3.4.2 Datenbeschreibung für Ausgabe-Daten.

Anmerkung: Es ist nicht erforderlich, für jede auszugebende Datei die Datenbeschreibung in die Leistungsbeschreibung zu stellen. Für Dateien, die außerhalb des betrachteten Anwendungssystems verwendet werden und vor allem für Datenschnittstellen zu anderen Systemen wird dies jedoch dringend empfohlen.

4.8.8.3 Die Druckmaske (List-Layout)

Im folgenden Beispiel bedeuten ###### Platzhalter für variable Datenfelder:

```
Arbeitsplan-Nr:  ########
Erstellt am:     ##.##.####
_____
Letzte Version:  ########      Gültig bis: ##.##.####

Teil-Nr:         #######       Name: ######################
Zeichnungs-Nr:   #########

Material:        ###################
Abmessungen:     ##################
_____

Arbeitsgänge:
Nr   Bezeichnung      Masch.Gruppe   Werkzeuge   Prüfplan    etc.
_____
##   #############    ########       ########    ########    ##
##   #############    ########       ########    ########    ##
##   #############    ########       ########    ########    ##
##   #############    ########       ########    ########    ##
```

Beispiel einer Druckmaske

4.8.9   Antwortzeiten

Die Antwortzeiten der Programme sind ein leidiges Thema, denn sie hängen – wie jeder Fachmann weiß – von vielen Faktoren ab und durchaus nicht nur von solchen, die der Auftragnehmer zu verantworten hat. Jeder von uns wird sich erinnern, wie lästig es ist, vor dem Bildschirm zu sitzen und darauf zu warten, daß etwas geschieht. Es soll auch Fälle gegeben haben, in denen man während der Wartezeit getrost zum Kaffetrinken gehen konnte. Und alle sind sich darüber einig, daß ein flottes System die Akzeptanz der Benutzer erheblich zu steigern vermag. Aber wie erreicht man das?

Man könnte mich der Überheblichkeit bezichtigen, würde ich mich hier dazu versteigen, wohlfeile Patentrezepte anzubieten. Aber wenn es denn schon unumgänglich erscheint, daß der Auftragnehmer eine Aussage zu Antwortzeiten machen muß – was übrigens aus guten Gründen von vielen abgelehnt wird – dann empfehle ich, die Voraussetzungen und Bedingungen für eine solche Aussage so exakt wie möglich festzuschreiben. Zu diesen zählen vor allem das Zielsystem (Hard- und Software), die Systemauslastung und die Mengengerüste.

■ **Einfaches Beispiel für eine Formulierung:**

„Unter der Voraussetzung, daß

1. die Konfiguration des Zielsystems der Leistungsbeschreibung entspricht;

2. die Systemauslastung nicht höher als 96% ist;

3. die Datenbank XY höchstens 10000 Datensätze umfaßt;

4. nicht mehr als 100 Benutzer gleichzeitig am System sind,

werden 80% der Transaktionen in weniger als 1 Sekunde abgewickelt.".

4.9 Systemtechnische Maßnahmen

Unter diesem Begriff werden üblicherweise Maßnahmen wie die Protokollierungen durch das System, die Datensicherung, die Notorganisation und etwaige Wiederanlaufverfahren zusammengefaßt.

Wenn sich systemtechnische Maßnahmen auf einen bestimmten Prozeß beziehen, dann sollten sie auch bei diesem Prozeß festgelegt werden. Andernfalls handelt es sich um eigenständige Prozesse, die in derselben Weise beschrieben werden wie die anderen Prozesse des neuen Anwendungssystems.

> Aus diesen Gründen werden systemtechnische Maßnahmen in der Allgemeinen Struktur einer Leistungsbeschreibung nicht als eigene Komponenten aufgeführt.

Maßnahme:	Beispiele:	Beschreibung:
Notorganisation	• Ausstattung eines zweiten Rechners (Back-Up-Server) mit allen Programmen zur Absicherung bei Systemausfällen.	beim Lieferumfang, siehe 4.11.1 Maschinen, Anlagen und Geräte (Hardware)
Systemadministration	• Bereitstellung von Bildschirm-Dialogen für wichtige Funktionen der Systemadministration (z.B. Systemstart und -stop, Wiederanlauf, Benutzerverwaltung und Datensicherung) • Fehlermeldungen des Systems bei Ausfall einer Kommunikationsverbindung • Wichtige Meldungen des Systems, z.B. Statusmeldungen für bestimmte Einheiten	als eigenständige Prozesse
Protokollierung	• Aufzeichnung aller Systemaktivitäten • Protokolle über den Datenaustausch mit überlagerten oder unterlagerten Systemen	
Datensicherung	Die Tabellen der Rechnungskopf- und positions-Daten, der neu eingegangenen Rechnungen, der Freigaben und der Abweichungen werden auf Spiegelplatten gesichert.	beim jeweiligen Prozeß, siehe 4.8.7.4 Regeln für die Ausgaben eines Programms

4.10   Die Dokumentation

Zu jedem Anwendungssystem gehört eine Dokumentation. Diese Feststellung ist zwar nicht neu, aber der mitunter recht beträchtliche Aufwand hierfür wird bei den Kostenschätzungen leider oft vergessen.

Eine vollständige Dokumentation besteht aus einem Anwenderhandbuch (Benutzerhandbuch) und einem Systemhandbuch. Wie schon die Namen sagen, ist das eine für die Anwender (Benutzer) des Systems gedacht, das andere für die Systemadministratoren und Systemprogrammierer. Die Zusagen des Auftragnehmers hinsichtlich

- des Umfangs und Inhalts der Dokumentation
- und gegebenenfalls auch der Unterstützung anderer Landessprachen, wenn die Dokumentation auch außerhalb des deutschen Sprachraums gelesen und verstanden werden soll,

sind abnahmefähige Komponenten der Leistungsbeschreibung.

4.10.1 Anwenderhandbuch

Titel:	Inhalte:
Verwendete Begriffe und Abkürzungen	siehe 4.1 Verwendete Begriffe und Abkürzungen
Der Arbeitsablauf im Anwendungssystem	siehe 4.4 Der Arbeitsablauf im Anwendungssystem
Die Struktur der Bildschirm-Dialoge	siehe 4.5 Die Struktur der Bildschirm-Dialoge
Berechtigung	siehe 4.6 Berechtigung (Autorisierung)
Formblätter	soweit sie im Laufe der Anwendungsentwicklung entstehen
Beschreibung der einzelnen Prozesse	siehe 4.8 Die Beschreibung eines Prozesses

4.10.2 Systemhandbuch

Titel:	Inhalte:
Datenbank- und Dateiorganisation	die im Laufe der Anwendungsentwicklung entsteht
Tabellenaufbau, Datenstrukturen und Datenbeschreibungen	siehe: 4.7 Daten aus anderen Systemen, 4.8.8 Beschreibung der Ausgaben
Namen der neu erstellten Programme und Programm-Moduln	die im Laufe der Anwendungsentwicklung festgelegt werden
Maßnahmen zur Fehlerbehebung	die im Laufe der Anwendungsentwicklung festgelegt werden
Schnittstellen zu anderen Systemen	siehe: 4.7 Daten aus anderen Systemen, 4.8.8 Beschreibung der Ausgaben
Systemtechnische Maßnahmen	siehe 4.8 Die Beschreibung eines Prozesses

4.11   Der Lieferumfang

Eine Liste des Lieferumfangs bildet den Schluß einer jeden Leistungsbeschreibung. In dieser Liste sollen alle Leistungen enthalten sein, die der Auftragnehmer für den Auftraggeber erbringt, einschließlich der sogenannten Dienstleistungen. Die Beschreibung des Lieferumfangs hat den Charakter einer Checkliste, das heißt, jede aufgeführte Leistung soll darin „abgehakt" werden können, wenn sie erbracht wurde. Insofern ist sie eine abnahmefähige Komponente der Leistungsbeschreibung.

Aber nicht alle in der Liste des Lieferumfangs aufgeführten Leistungen unterliegen einer Abnahme: die sogenannten Dienstleistungen werden nicht abgenommen. Dies sind insbesondere Beratungs- und Unterstützungsleistungen, aber auch solche Leistungen wie der Transport von Maschinen und sonstigen Gütern.

Je nachdem, ob die betreffende Leistung erbracht werden soll, umfaßt die Liste des Lieferumfangs die folgenden Punkte:

4.11.1 Maschinen, Anlagen und Geräte (Hardware)

■ **Beispiele:**

Bezeichnung	Type/ Modell	Hersteller	Anzahl	Gewährleistung (Monate)
Datenbank-Server	S390	Fa. XYZ	2	12
usw.				

4.11.2 Zu liefernde Programme

4.11.2.1 Lizenzprogramme

■ **Beispiele:**

Bezeichnung	Programm- nummer	Programmart	Rechte- inhaber	Anzahl Lizenzen
Textprogramm	L-12345	Dialog- Programm	Fa. XY	10
usw.				

4.11.2.2 Bearbeitungen vorhandener Programme

■ **Beispiele:**

Bezeichnung des Programms	Programm- nummer	siehe
Programm zur Anlage, Überarbeitung und Freigabe von Arbeitsplänen	P-12345	4.8.2 Einbindung vorhandener Programme
usw.		

4.11.2.3 Neu erstellte Programme

■ **Beispiele:**

Bezeichnung des Programms	siehe
Anlage, Überarbeitung und Freigabe von Arbeitsplänen	4.8 Die Beschreibung eines Prozesses
usw.	

4.11.3 Umstellung vorhandener Datenbestände

■ **Beispiele:**

Bezeichnung des Datenbestands	siehe
Vorhandene Werkzeuge und Vorrichtungen	4.7.3.3 Beschreibung der Umstellungen
usw.	

4.11.4 Zu übergebende Unterlagen

■ **Beispiele:**

Bezeichnung der Unterlagen	Bemerkungen
Anwenderhandbuch	siehe 4.10.1 Anwenderhandbuch
Systemhandbuch	siehe 4.10.2 Systemhandbuch
Fachliche Spezifikationen	die im Laufe der Anwendungsentwicklung entstehen
DV-technische Spezifikationen	die im Laufe der Anwendungsentwicklung entstehen

Bezeichnung der Unterlagen	Bemerkungen
Quellcode	für die folgenden Programme: siehe 4.11.2 Zu liefernde Programme
Sonstige Unterlagen	die im Laufe der Anwendungsentwicklung erstellt werden und die für den Auftraggeber von berechtigtem Interesse sind

4.11.5 Dienstleistungen

Für Dienstleistungen muß lediglich festgelegt werden, in welchem Umfang sie zu erbringen sind, das heißt, wie viele Stunden oder Arbeitstage. Die entsprechende vertragliche Formulierung lautet: *„Die Dienstleistung (z.B. Beratung und Unterstützung bei ...) des Auftragnehmers gilt nach xxx Stunden als erbracht.“*.

Werden Tage vereinbart, ist es auch notwendig, die Stunden zu nennen, die ein Arbeitstag haben soll, da es sich wohl kaum um die Maximalzahl von 24 Stunden handeln wird.

Dienstleistungen sind keine Werke und werden daher nicht abgenommen.

■ **Beispiele:**

Bezeichnung der Dienstleistung	Anzahl Arbeitstage (tarifliche Arbeitszeit)	Anzahl Teilnehmer
Beratung und Unterstützung bei der organisatorischen und technischen Vorbereitung der Systemeinführung	20	–
Beratung und Unterstützung bei der Installation und Inbetriebnahme	10	–
Unterstützung beim Test	keine	–
Anwenderschulung	5	50
Schulung und Einweisung der Systemadministratoren	5	4

Bezeichnung der Dienstleistung	Anzahl Arbeitstage (tarifliche Arbeitszeit)	Anzahl Teilnehmer
Hotline-Unterstützung nach der Inbetriebnahme	keine	–
Sonstige Dienstleistungen	keine	–

4.12   Ein Wort zu Management Summaries

Manager haben gewöhnlich wenig Zeit. Oder sie geben zumindest vor, wenig Zeit zu haben. Dabei fällt mir die folgende Geschichte ein:

> *„Sagte ein Manager zu den Musikern: ich habe leider keine Zeit, mir Beethovens Neunte in aller Breite anzuhören. Bitte spielen Sie mir nur die wirklich wichtigen Töne daraus vor."*

Aber Spaß beiseite. Wer ein Projekt zur Erstellung von IT-Anwendungssystemen in Auftrag geben will, der sollte auch die Zeit finden, sich mit der Leistungsbeschreibung mehr als nur oberflächlich zu befassen. Doch wenn es unbedingt sein muß, dann gehören zu den „wirklich wichtigen Tönen" im Falle einer Leistungsbeschreibung jedenfalls:

- der Gegenstand des Projekts
- die technische Umgebung – das Zielsystem
- die Rechte an den Programmen
- die Unterstützung anderer Landessprachen
- eine Liste der Prozesse
- der Arbeitsablauf innerhalb des gesamten Anwendungsgebiets
- die Ergebnisse des Anwendungssystems
  (die Datenschnittstellen zu anderen Systemen)

In einer solchen Zusammenfassung lauert die Gefahr, daß die eigentliche Leistungsbeschreibung – man will ja schließlich glänzen – durch zusätzliche Versprechungen unbeabsichtigt erweitert wird. Bitte achten Sie darauf.

Die Idee, einer Leistungsbeschreibung eine Management-Summary voranzustellen, entspringt einem Marketingdenken, das in einem Vertrag – und eine Leistungsbeschreibung ist wesentlicher Teil eines Vertrags – nichts zu suchen hat. Natürlich weiß ich selbst aus eigener Erfahrung, daß man manchmal nicht darum herum kommt. Ich empfehle Ihnen aber, wenn irgend möglich darauf zu verzichten.

4.13   Allgemeine Struktur einer Leistungsbeschreibung

Möglicherweise haben Sie sich schon beim Lesen der Einleitung zu diesem Buch die Frage gestellt, wozu es einer allgemeinen Struktur einer Leistungsbeschreibung bedarf. Nun, komplexe Aufgabenstellungen erfordern präzise Darstellungen und Gliederungen, wie sie jedem Ingenieur geläufig sind.

Angenommen, Sie interessieren sich für ein neues Auto. Dann finden Sie in allen einschlägigen Prospekten eine zumindest ähnlich strukturierte Leistungsbeschreibung etwa der folgenden Art:

- Motor, Getriebe und Kraftstoffverbrauch
- Fahrwerk, Räder, Reifen
- Elektrik
- Abmessungen und Gewichte
- Höchstgeschwindigkeit und Beschleunigung
- Außenausstattung
- Innenausstattung
- Sonderausstattungen

Wenn Sie die Angaben verschiedener Hersteller miteinander vergleichen oder schnell mal nachsehen wollen, was das Auto Ihrer bevorzugten Wahl als serienmäßige Innenausstattung zu bieten hat, haben Sie es leicht. Ohne eine derartige Strukturierung müßten Sie die Prospekte der verschiedenen Hersteller rauf und runter lesen und sich die einzelnen Leistungsmerkmale, die dann irgendwo in der Gegend herumstehen, aufschreiben oder auch im Kopf behalten. Ein etwas mühseliger Weg, wie Sie zugeben werden, ganz abgesehen davon, daß man eine wichtige Angabe leicht übersieht oder daß sie womöglich sogar fehlt. Diese Nachteile sollte man vermeiden.

Eine tiefe Strukturierung der Überschriftsebenen ermöglicht die Modularisierung der Leistungsbeschreibung und damit eine mühelose Auffindbarkeit, Referenzierung und Austauschbarkeit einzelner Bestandteile. Die Vorteile einer solchen Modularisierung werden sich insbesondere bei Änderungsvereinbarungen und bei der Zusammenstellung der Testfälle und der Voraussetzungen für die Abnahme bemerkbar machen. Auch wer nach BVB anbieten muß, wird es zu schätzen wissen, wenn er beim Ausfüllen der BVB-Scheine anstatt längerer Erklärungen einfach auf die entsprechenden Ziffern in seiner Leistungsbeschreibung verweisen kann.

Selbstverständlich wird es im Falle einer konkreten Leistungsbeschreibung weder notwendig noch sinnvoll sein, daß immer zu allen Elementen, die in einer allgemeinen Struktur für eine Leistungsbeschreibung enthalten sein müssen, etwas ausgesagt wird. Da eine Leistungsbeschreibung weder eine fachliche noch eine DV-technische Spezifikation ist, brauchen Leistungsmerkmale, die nicht abgenommen werden sollen, auch nicht zugesagt werden. Die Entscheidung darüber liegt bei Ihnen.

Komponente der Leistungsbeschreibung:	siehe:
Verwendete Begriffe und Abkürzungen	4.1
Technische Umgebung – das Zielsystem	4.2
Maschinen	4.2.1
Programme	4.2.2
Portabilität	4.2.3
System-Schaubild	4.2.4
Der Arbeitsablauf im Anwendungssystem	4.4
Die Struktur der Bildschirm-Dialoge	4.5

Komponente der Leistungsbeschreibung:	siehe:
Berechtigung (Autorisierung)	4.6
Daten aus anderen Systemen	4.7
Allgemeine Beschreibung	4.7.1
Datenbeschreibung	4.7.2
Bearbeitungen und Umstellungen	4.7.3
Beschreibung der Bearbeitungen	4.7.3.1
Datenbeschreibung	4.7.3.2
Beschreibung der Umstellungen	4.7.3.3
Beschreibung eines Prozesses	4.8
Allgemeine Beschreibung	4.8.1
Einbindung vorhandener Programme	4.8.2
Allgemeine Beschreibung des Programms	4.8.2.1
Bearbeitungen	4.8.2.2
Der Arbeitsablauf im Prozeß	4.8.3
Das Prozeßmodell	4.8.4
Die Eingabe-Daten	4.8.5

Komponente der Leistungsbeschreibung:	siehe:
Bildschirm-Dialoge	4.8.6
Allgemeine Beschreibung	4.8.6.1
Bildschirmmaske	4.8.6.2
Datenbeschreibung	4.8.6.3
Einzelheiten zum Arbeitsablauf	4.8.6.4
Hilfsfunktionen	4.8.6.5
Verzweigung zu anderen Prozessen	4.8.6.6
Geschäftsregeln – die „Business Rules"	4.8.7
Regeln für die Bildung einzelner Datenelemente	4.8.7.1
Regeln für die Bildung von Fehlermeldungen	4.8.7.2
Regeln für Prozeduren und Abläufe	4.8.7.3
Regeln für die Ausgaben des Prozesses	4.8.7.4
Beschreibung der Ausgaben des Prozesses	4.8.8
Allgemeine Beschreibung	4.8.8.1
Datenbeschreibung	4.8.8.2
Druckmasken (List-Layout)	4.8.8.3
Antwortzeiten	4.8.9

Komponente der Leistungsbeschreibung:	siehe:
Die Dokumentation	4.10
Anwenderhandbuch	4.10.1
Systemhandbuch	4.10.2
Der Lieferumfang	4.11
Maschinen, Anlagen und Geräte	4.11.1
Zu liefernde Programme	4.11.2
Lizenzprogramme	4.11.2.1
Bearbeitungen vorhandener Programme	4.11.2.2
Neu erstellte Programme	4.11.2.3
Umstellung vorhandener Datenbestände	4.11.3
Zu übergebende Unterlagen	4.11.4
Dienstleistungen	4.11.5

4.14   Einträge in den BVB-Erstellungsscheinen

Wenn der Auftraggeber BVB-berechtigt ist (das sind die Auftraggeber der öffentlichen Hand), müssen die BVB-Erstellungsscheine ausgefüllt werden. Mit den folgenden Einträgen wird eine Verbindung zwischen den Komponenten einer strukturierten Leistungsbeschreibung und den Fragen in den BVB-Scheinen hergestellt, soweit sich diese auf die Darstellung des Verfahrens und auf die Anforderungen an die zu erstellenden Programme beziehen.

Bitte beachten Sie beim Lesen der folgenden Ausführungen, daß die *kursiv* dargestellten Nummern und Texte sinngemäß an die entsprechenden Nummern und Texte einer individuellen Leistungsbeschreibung anpaßt werden müssen. Was darunter zu verstehen ist, können Sie den Beispielen in Kapitel 5.13 „Einträge in den BVB-Erstellungsscheinen" entnehmen.

2.   Darstellung des Verfahrens
(Auflistung aller im Sinne der Definition des fachlichen Feinkonzeptes relevanten Dokumente)

> Gegenstand des Verfahrens ist
> *„die Realisierung einer maschinell unterstützten Rechnungsprüfung"*.
>
> Die Arbeitsabläufe und die einzelnen Prozesse innerhalb des Anwendungssystems sind in der Anlage
> „Leistungsbeschreibung für *die Realisierung einer maschinell unterstützten Rechnungsprüfung"* vom *TT.MM.JJJJ*
> beschrieben.
>
> Die unter „3. Anforderungen an die Programme" genannten Numerierungen und Abschnitte beziehen sich auf diese Anlage.

3.   Anforderungen an die Programme (§3 Nr. 1 Abs. 1)
.....

Anforderungen können durch detaillierte Verweise auf bereits vorhandene Dokumente, insbesondere solche, die unter Ziffer 2 aufgeführt sind, festgelegt werden. Alle Dokumente, auf die Bezug genommen wird, sind dem Vertrag als Anlage beizufügen.

3.1 Fachliche Spezifikationen

3.1.1 Funktionale Spezifikationen

3.1.1.1 Informationsbedarf
(z.B. Umfang, Zeitpunkt, Ort, Prioritäten)

> *siehe*
> *4.7   Daten aus anderen Systemen*
> *4.8.5   Die Eingabe-Daten*

3.1.1.2 Informationsbasis
(z.B. logische Struktur, Mengengerüst, Verknüpfungen)

> falls die Informationsbasis, z.B. während einer Vorstudie oder im Rahmen eines Planungsprojekts, bereits entwickelt wurde:
>
> *siehe 4.10.2 „Tabellenaufbau, Datenstrukturen und Datenbeschreibungen"*
>
> andernfalls:
> Das Datenmodell und die Beschreibung der Datenbanken werden erst im Laufe der Systementwicklung festgelegt.

3.1.1.3 Informationsfluß
(z.B. Quellen, Ziele, Verzweigungen)

> *siehe*
> *4.8.5   Die Eingabe-Daten*
> *4.8.8   Beschreibung der Ausgaben*

3.1.1.4 Verarbeitungsregeln
z.B. für Buchungen, Steuerung, technisch-wissenschaftliche Berechnungen, Darstellung nach Möglichkeit formal, z.B. durch Formeln, Algorithmen, Entscheidungstabellen)

> *siehe*
> *4.8.7.1   Regeln für die Bildung einzelner Datenelemente*
> *4.8.7.2   Regeln für die Bildung von Fehlermeldungen*
> *4.8.7.3   Regeln für Prozeduren und Abläufe*
> *4.8.7.4   Regeln für die Ausgaben eines Programms*

3.1.1.5 Schnittstellen Bearbeiter/Programme
(z.B. Strukturen und Inhalte von Bildschirm- und Listendarstellungen, Funktionstastenverwaltung)

> *siehe*
> *4.8.6   Bildschirm-Dialoge*
> *4.8.8.3   Die Druckmaske (List-Layout)*

3.1.1.6   Sonstige funktionale Spezifikationen

> *siehe*
> *4.4   Der Arbeitsablauf im Anwendungssystem*
> *4.5   Die Struktur der Bildschirm-Dialoge*
> *4.6   Berechtigung (Autorisierung)*
> *4.8   Die Beschreibung eines Prozesses*

3.1.2   Qualitätsmerkmale
3.1.2.1   Zuverlässigkeit
(z.B. Robustheit, Datensicherheit)

> *siehe 4.8 Die Beschreibung eines Prozesses*

3.1.2.2   Benutzungsfreundlichkeit
(z.B. Benutzerführung, Unterstützungsfunktionen, Ergonomie)

> *siehe 4.8.6 Bildschirm-Dialoge*

3.1.2.3   Zeitverhalten
(z.B. Antwort-, Reaktionszeiten, Durchsätze; diese Angaben erfordern die präzise Beschreibung der auszuführenden Funktionen und der jeweiligen vorausgesetzten Randbedingungen wie Hardware-Konfiguration, Systemsoftware, sonstige Programmumgebung, Auslastungen von Zentraleinheit und Kanälen, Datenvolumen)

> *siehe 4.8.9 Antwortzeiten*

3.1.2.4   Pflegefreundlichkeit
(Angaben zum zu erwartenden Pflegebedarf: z.B. Änderungsart, -umfang, -häufigkeit, Zeitrahmen für Einarbeitung und Durchführung)

> falls zutreffend:
>
> *Die Pflege der unter diesem Erstellungsschein erstellten Software ist nicht im Leistungsumfang enthalten.*
> Für die Pflege der unter diesem Erstellungsschein erstellten Software gilt der gesondert abzuschließende Vertrag nach BVB-Pflege.

3.1.2.5   Portabilität
(Angabe der DV-Anlagen und Grundsoftware, mit denen die Programme zusammenwirken können)

> *siehe 4.2.3 Portabilität*

3.1.2.6   Sonstige Qualitätsmerkmale

> *Dieses Kästchen bleibt entweder leer oder wird – falls vorhanden – mit Hinweisen auf solche Merkmale gefüllt*

3.2   Technische Spezifikationen

3.2.1   Programmtechnische Vorgaben

Soweit aus Sicht des Auftraggebers erforderlich (z.B. Programmiersprachen, -techniken, richtlinien, Fachnormen)

> *siehe*
> *4.8   Die Beschreibung eines Prozesses*
> *4.8.1   Allgemeine Beschreibung eines Prozesses*

3.2.2   Vorgaben aufgrund der Hardware- und Software-Umgebung

(z.B. verfügbare Hardware-Konfiguration, Ablauf- und Datenschnittstellen zu anderen Programmen)

> *siehe*
> *4.2   Technische Umgebung – das Zielsystem*
> *4.7   Daten aus anderen Systemen*
> *4.8.8   Beschreibung der Ausgaben*

3.3   Anforderungen an die Dokumentation (§16 Nr. 1)

(Programmentwicklungsdokumentation z.B. nach DIN 66 231, Programmdokumentation z.B. nach DIN 66 230, Richtlinien des Auftraggebers)

> *siehe 4.10 Die Dokumentation*

3.4   Unverzichtbare Leistungsmerkmale (§12 Nr. 1 Abs. 1)

vgl. Begriffsbestimmung für „Nicht aufgabengerechte Nutzung"

(Hier sind diejenigen Angaben aus den Ziffern 3.1 und 3.2 zu benennen, die für den Auftraggeber unverzichtbare Leistungsmerkmale sind)

> *Dieses Kästchen bleibt entweder leer oder wird einvernehmlich mit dem Auftragnehmer ausgefüllt.*

5 Beispiel einer Leistungsbeschreibung

Dem folgenden Beispiel einer vollständigen Leistungsbeschreibung für eine

Maschinell unterstützte Rechnungsprüfung

liegt eine tatsächlich erstellte Leistungsbeschreibung zugrunde, die hier für unsere Zwecke etwas modifiziert und vereinfacht wurde. Wenn sie Ihnen in manchen Punkten unvollständig erscheinen sollte, dann denken Sie bitte daran, daß eine Leistungsbeschreibung weder eine fachliche noch eine DV-technische Spezifikation zu sein braucht, sondern lediglich die Voraussetzungen und Randbedingungen für die Realisierung eines Anwendungssystems und die Zusagen des Auftragnehmers darstellt, die er erfüllen möchte und die später Gegenstand der Abnahmeprüfungen sein werden.

Eine Leistungsbeschreibung muß auch durchaus nicht alle Komponenten umfassen, die in der Allgemeinen Struktur einer Leistungsbeschreibung enthalten sind. Letztendlich bestimmen Sie als Auftraggeber den nach § 640 BGB „vertragsgemäßen" Umfang der zu erbringenden Leistungen und damit den Umfang der abzunehmenden Leistungsmerkmale. Als Auftragnehmer sind Sie jedoch gut beraten, wenn Sie darauf achten, daß wenigstens die Voraussetzungen und Randbedingungen so genau und unmißverständlich wie nur möglich beschrieben sind. Was übrigens im beiderseitigen Interesse liegt.

Hier also nun das Beispiel einer Leistungsbeschreibung entsprechend der Allgemeinen Struktur aus Kapitel 4.13.

5.1 Verwendete Begriffe und Abkürzungen

Rechnungs-Nr   interne Rechnungsnummer des Auftraggebers

Anmerkung:
Die Rechnungs-Nr ist Eigenschlüssel bei den Tabellen der neu eingegangenen Rechnungen und bei den Rechnungsdaten und muß deshalb eindeutig (unique) sein. Da nicht davon ausgegangen werden kann, daß die Rechnungsnummern der verschiedenen Lieferanten diese Voraussetzung erfüllen, wird für die genannten Tabellen eine interne Rechnungs-Nummer des Auftraggebers maschinell generiert und verwendet.

Rechnungsdaten	Kopf- und Positionsdaten der Rechnung eines Lieferanten
Auftragsdaten	Kopf- und Positionsdaten einer Einkaufs-Bestellung
WE-Daten	Kopf- und Positionsdaten eines Wareneingangs
Tabelle:	Tabelle einer relationalen Datenbank
PF 1...12:	Programm-Funktionstasten 1...12
Option:	Eingabe eines numerischen oder alphanumerischen Wertes, um eine beabsichtigte Aktion auszulösen (z.B. eine Verzweigung zu einem anderen Prozeß)

In den Datenbeschreibungen bedeuten:

Feldname	Symbolischer Name, mit dem ein bestimmtes Datenfeld aus einem Datensatz vom Programm angesprochen wird
Schl ES FS	Eigenschlüssel (ES) und Fremdschlüssel (FS) zur eindeutigen Identifikation von Datensätzen innerhalb eines Datenbestands
	Der Eigenschlüssel (ES) identifiziert den vorliegenden Datensatz, die Fremdschlüssel (FS) in einer Datenbeschreibung dienen dazu, um Datensätze aus anderen Datenbeständen eindeutig zu identifizieren
	Ein Schlüssel kann auch aus mehreren Datenfeldern (Teilschlüsseln) zusammengesetzt sein (1. ES, 2. ES, usw.).
Typ/Länge	Daten-Typ und Länge (Anzahl der Stellen) des Datenfeldes. Beispiele:

$A(10)$	bedeutet ein alphanumerisches Datenfeld, 10 Stellen lang
$N(3)$	bedeutet ein numerisches Datenfeld, 3 Stellen lang
C	C bedeutet ein alphanumerisches Datenfeld mit nur 1 Stelle (Character)
$A(10,2)$	bedeutet ein alphanumerisches Datenfeld mit der Gesamtlänge 10, davon 2 Stellen als Kommastellen

In den Datenbeschreibungen für Bildschirmmasken bedeuten:

BA   erforderlicher Berechtigungsschlüssel für die Anzeige des Feldes

BV   erforderlicher Berechtigungsschlüssel für eine Veränderung des Feldes

G   für alle Benutzer gesperrtes (geschütztes) Datenfeld, das nicht verändert werden kann.

5.2   Die technische Umgebung – das Zielsystem

> Für herstellerspezifische Angaben werden bei allen Beispielen nur symbolische Namen (z.B. ABCDE, Fa. XYZ) verwendet.

5.2.1   Maschinen

Type/Modell	Bezeichnung	Hersteller
ABCDE	Host	Fa. XYZ
FGHIK	Arbeitsplatz-Rechner	Fa. ABC

5.2.2   Programme

Programme, mit denen die Programme des neuen Anwendungssystems zusammenwirken müssen:

Bezeichnung und Nummer des Programms	Version	Lizenz-programm	Rechte-Inhaber	installiert auf (Maschine)
Betriebssystem S-12345	V. 1.3	Ja	Fa. DEF	Host ABCDE
Datenbankver-waltungs-Programm D-5603	V. 6.1	Ja	Fa. BIK	Host ABCDE
Betriebssystem S-67890	V. 3.2	Ja	Fa. GHI	Arbeitsplatz-Rechner FGHIK

5.2.3   System-Schaubild

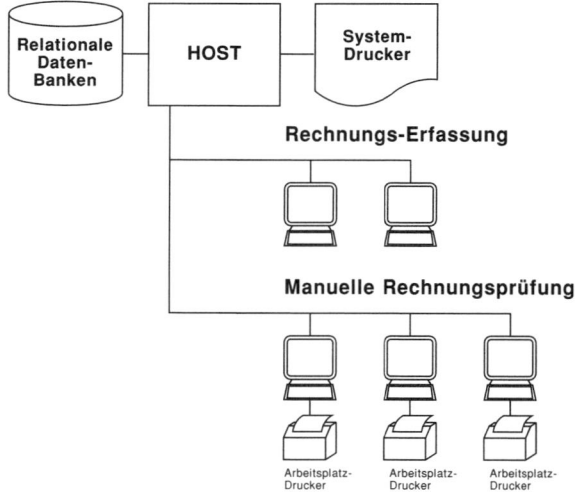

System-Schaubild für die maschinell unterstützte Rechnungsprüfung

5.3   Der Arbeitsablauf im Anwendungsgebiet

Arbeits-schritt	Beschreibung	Bezeichnung und Modus des Prozesses
1	Eingabe der Benutzer-Identifikation, des Paßworts und der Option für die Auswahl des Prozesses	Logon und Auswahlmenü (Bildschirm-Dialog)
2	Erfassung der neu eingegangenen Rechnungen eines Lieferanten	Erfassung der Rechnungen (Bildschirm-Dialog)
3	Maschineller Vergleich der neu einge-gangenen Rechnungen mit den ent-sprechenden Auftrags- und WE-Daten	Maschinelle Rechnungs-prüfung (Stapelverarbeitungs-programm)
4	Maschinelle Freigabe einer Rech-nung zur Überweisung und Buchung, wenn keine Abweichungen festge-stellt werden.	
5	Bei einer Abweichung wird die Rech-nung zurückgewiesen und an die manuelle Rechnungsprüfung weiter-geleitet.	
6	Bei der manuellen Rechnungsprü-fung werden die zurückgewiesenen Rechnungen entweder korrigiert und dann ebenfalls zur Überweisung und Buchung freigegeben, oder sie wer-den bis zur endgültigen Klärung mit dem Lieferanten zurückgestellt.	Manuelle Rechnungsprüfung (Bildschirm-Dialog)

5.4   Die Struktur der Bildschirm-Dialoge

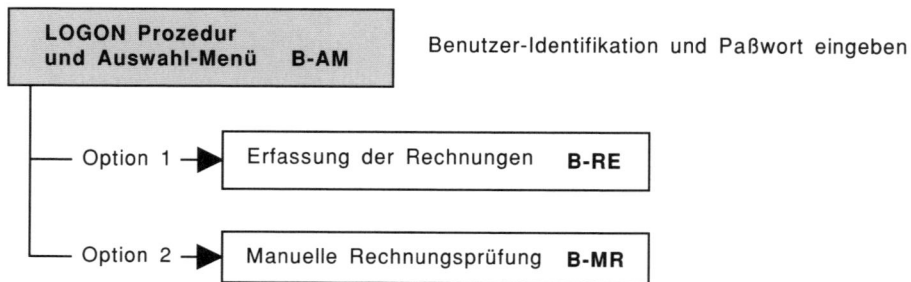

Die Struktur der Bildschirm-Dialoge bei der maschinell unterstützten Rechnungsprüfung

5.5   Berechtigung (Autorisierung)

Es werden die folgenden Berechtigungsschlüssel festgelegt:

Berechtigungsart	verantwortlich für	Berechtigungsschlüssel
Rechnungserfasser	die Erfassung der neu eingegangenen Rechnungen von Lieferanten	60
Rechnungsprüfer	die manuelle Prüfung von Rechnungen	70

5.6   Daten aus anderen Systemen

5.6.1   Benutzer und Paßwörter

5.6.1.1 Allgemeine Beschreibung

Gegenstand:	Vereinbarung:
Ident-Nr	BP-XYZ
Datenbestand ist vorhanden	ja
Datei-Art	Tabelle
Dateiformat	satzorientiert
Rechteinhaber	Auftraggeber
Herkunft (Prozeß)	Systemadministration (Datenschnittstelle)
Versionsstand	Datum des Vertragsabschlusses
Verantwortlich für die Bereitstellung eines Testdatenbestands	Auftraggeber
Termin für die Bereitstellung eines Testdatenbestands	bei Beginn der Programmierung

5.6.1.2 Datenbeschreibung

Feldname	Schl	Typ/ Länge	Beschreibung
BENUTZER-IDENTIFIKATION	ES	A(8)	Schlüssel zur eindeutigen Identifikation eines Benutzers (User-ID)
PASSWORT		A(8)	Paßwort des Benutzers, muß im Abstand von jeweils 60 Tagen geändert werden

Feldname	Schl	Typ/ Länge	Beschreibung
DATUM-PASSWORT-ÄNDERUNG		A(10)	Datum der letzten Änderung des Paßworts

5.6.2   Berechtigungstabelle

5.6.2.1 Allgemeine Beschreibung

Gegenstand:	Vereinbarung:
Ident-Nr	BT-ABC
Datenbestand ist vorhanden	nein
Datei-Art	Tabelle
Dateiformat	satzorientiert
Rechteinhaber	Auftraggeber
Herkunft (Prozeß)	Systemadministration (Datenschnittstelle)
Versionsstand	wird neu erstellt
Verantwortlich für die Bereitstellung eines Testdatenbestands	der Auftraggeber
Termin für die Bereitstellung eines Test-datenbestands	bei Beginn der Programmierung

5.6.2.2 Datenbeschreibung

Feldname	Schl	Typ/Länge	Beschreibung
BENUTZER-IDENTIFIKATION	ES	A(8)	siehe 5.6.1.2 Datenbeschreibung
BERECHTIGUNGS-SCHLÜSSEL		A(40)	dieses Feld gibt über die Berechtigungsarten Auskunft, die einer Benutzer-Identifikation zugeordnet sind. Es kann aus einer Folge von einzelnen Berechtigungsschlüsseln bestehen, die durch Kommata getrennt werden. Beispiel: „60, 70, ...“

Beispiel für die neu entstehende Tabelle der Berechtigungen:

Benutzer-Identifikation	Berechtigungsschlüssel
046631	60
(Leiter der Rechnungsprüfung) 088653	60, 70
103567	70
...	...
111426	60
112074	70

5.6.3   Rechnungs-Kopfdaten

5.6.3.1   Allgemeine Beschreibung

Gegenstand:	Vereinbarung:
Ident-Nr	RK-123
Datenbestand ist vorhanden	ja
Datei-Art	Tabelle
Dateiformat	satzorientiert
Rechteinhaber	Auftraggeber
Herkunft (Prozeß)	Vorhandener Prozeß zur Erfassung der Rechnungen von Lieferanten
Versionsstand	Datum des Vertragsabschlusses
Verantwortlich für die Bereitstellung eines Testdatenbestands	der Auftraggeber
Termin für die Bereitstellung eines Testdatenbestands	bei Beginn der Programmierung

5.6.3.2 Datenbeschreibung

Feldname	Schl	Typ/ Länge	Beschreibung
RECHNUNGS-NR	ES	A(10)	Interne Rechnungs-Nr des Auftraggebers
DATUM-RCH		A(10)	Datum der Rechnung des Lieferanten
LIEFER-RCH-NR		A(10)	Rechnungs-Nr des Lieferanten
AUFTRAGS-NR	FS	A(10)	Nummer der Einkaufs-Bestellung
DATUM-ERFSSG		A(10)	Datum der Rechnungs-Erfassung

5.6.3.3 Bearbeitungen und Umstellungen

Anmerkung: Die Umstellung der Programme in anderen Systemen (Einkauf, Buchhaltung und Rechnungswesen) auf den bearbeiteten Datenbestand wird vom Auftraggeber durchgeführt.

5.6.3.3.1 Beschreibung der Bearbeitungen

Gegenstand:	Vereinbarung:
Bearbeitung	Einfügen zusätzlicher Felder (siehe die Datenbeschreibung der einzufügenden Datenfelder)
Verantwortlich für die Bearbeitung	Auftragnehmer
Termin für die Bearbeitung	Ende des DV-technischen Entwurfs

5.6.3.3.2 Datenbeschreibung

Datenbeschreibung für die einzufügenden Datenfelder:

Feldname	Schl	Typ/ Länge	Beschreibung
DATUM-MASCH		A(10)	Datum der maschinellen Rechnungsprüfung
DATUM-MAN		A(10)	Datum der manuellen Rechnungsprüfung
FREIGEGEBEN-VON		A(8)	Wenn dieses Feld leer ist, wurde die Rechnung noch nicht freigegeben. Inhalt des Feldes nach der • maschinellen Freigabe: „SYSTEM" • manuellen Freigabe: Benutzer-Identifikation (User-ID) des Rechnungsprüfers

5.6.3.3.3 Beschreibung der Umstellungen

Gegenstand:	Vereinbarung:
Umstellung	Umstellung des gesamten vorhandenen Datenbestands auf die neue Datenstruktur (siehe Bearbeitung)
Umfang der Umstellung	ca. 3000 Datensätze
Verantwortlich für die Umstellung	Auftragnehmer
Termin für die Umstellung	Beginn derAbnahmeprüfung

5.6.4 Rechnungs-Positionsdaten

5.6.4.1 Allgemeine Beschreibung

Gegenstand:	Vereinbarung:
Ident-Nr	RP-123
Datenbestand ist vorhanden	ja
Datei-Art	Tabelle
Dateiformat	satzorientiert
Rechteinhaber	Auftraggeber
Herkunft (Prozeß)	Vorhandener Prozeß zur Erfassung der Rechnungen von Lieferanten
Versionsstand	Datum des Vertragsabschlusses
Verantwortlich für die Bereitstellung eines Testdatenbestands	der Auftraggeber
Termin für die Bereitstellung eines Testdatenbestands	bei Beginn der Programmierung

5.6.4.2 Datenbeschreibung

Feldname	Schl	Typ/ Länge	Beschreibung
RECHNUNGS-NR	1. ES	A(10	Interne Rechnungs-Nr des Auftraggebers
RECHNUNGS-POSITIONS-NR	2. ES	N(3)	Zeilen-Nr einer Rechnungsposition
ARTIKEL-NR	FS	A(8)	Artikel-Nr des Lieferanten
MENGE		N(8)	Anzahl der berechneten Artikel

Feldname	Schl	Typ/Länge	Beschreibung
BEZEICHNUNG		A(17)	Name des Artikels
EINZELPREIS		N(8,2)	Einzelpreis des Artikels
GESAMTPREIS		N(8,2)	Gesamtpreis der berechneten Artikel in dieser Rechnungsposition

5.6.5   Auftrags-Kopfdaten

5.6.5.1 Allgemeine Beschreibung

Gegenstand:	Vereinbarung:
Ident-Nr	AK-123
Datenbestand ist vorhanden	ja
Datei-Art	Tabelle
Dateiformat	satzorientiert
Rechteinhaber	Auftraggeber
Herkunft (Prozeß)	Einkauf (Datenschnittstelle)
Versionsstand	Datum des Vertragsabschlusses
Verantwortlich für die Bereitstellung eines Testdatenbestands	der Auftraggeber
Termin für die Bereitstellung eines Testdatenbestands	bei Beginn der Programmierung

5.6.5.2 Datenbeschreibung

Feldname	Schl	Typ/ Länge	Beschreibung
AUFTRAGS-NR	ES	A(10)	Nummer der Einkaufs-Bestellung
BESTELLER	FS	A(10)	Bezeichnung der Kostenstelle bzw. des Kostenträgers
LIEFERANTEN-NR	FS	A(10)	Interne Lieferanten-Nr des Auftragge-bers
LIEFERANT		A(32)	Name des Lieferanten
DATUM-AUFTRAG		A(10)	Datum der Auftrags-Erstellung
WE-NR	FS	A(10)	Nummer des Wareneingangs

5.6.6   Auftrags-Positionsdaten

5.6.6.1 Allgemeine Beschreibung

Gegenstand:	Vereinbarung:
Ident-Nr	AP-123
Datenbestand ist vorhanden	ja
Datei-Art	Tabelle
Dateiformat	satzorientiert
Rechteinhaber	Auftraggeber

Gegenstand:	Vereinbarung:
Herkunft (Prozeß)	Einkauf (Datenschnittstelle)
Versionsstand	Datum des Vertragsabschlusses
Verantwortlich für die Bereitstellung eines Testdatenbestands	der Auftraggeber
Termin für die Bereitstellung eines Testdatenbestands	bei Beginn der Programmierung

5.6.6.2 Datenbeschreibung

Feldname	Schl	Typ/ Länge	Beschreibung
AUFTRAGS-NR	1. ES	A(10)	Nummer der Einkaufs-Bestellung
AUFTRAGS-POSITIONS-NR	2. ES	N(3)	Zeilen-Nr der Auftragsposition
ARTIKEL-NR	FS	A(8)	Artikel-Nr des Lieferanten
MENGE		N(8)	Anzahl der bestellten Artikel
EINZELPREIS		N(8,2)	Einzelpreis des Artikels

5.6.7   WE-Kopfdaten

5.6.7.1 Allgemeine Beschreibung

Gegenstand:	Vereinbarung:
Ident-Nr	WK-123
Datenbestand ist vorhanden	ja
Datei-Art	Tabelle
Dateiformat	satzorientiert
Rechteinhaber	Auftraggeber
Herkunft (Prozeß)	Wareneingang (Datenschnittstelle)
Versionsstand	Datum des Vertragsabschlusses
Verantwortlich für die Bereitstellung eines Testdatenbestands	der Auftraggeber
Termin für die Bereitstellung eines Testdatenbestands	bei Beginn der Programmierung

5.6.7.2 Datenbeschreibung

Feldname	Schl	Typ/ Länge	Beschreibung
WE-NR	ES	A(10)	Nummer des Wareneingangs
AUFTRAGS-NR	FS	A(10)	Nummer der Einkaufs-Bestellung
LIEFERSCHEIN-NR		A(10)	Nummer des Lieferscheins
DATUM-WE		A(10)	Datum des Wareneingangs

5.6.8 WE-Positionsdaten

5.6.8.1 Allgemeine Beschreibung

Gegenstand:	Vereinbarung:
Ident-Nr	AP-123
Datenbestand ist vorhanden	ja
Datei-Art	Tabelle
Dateiformat	satzorientiert
Rechteinhaber	Auftraggeber
Herkunft (Prozeß)	Wareneingang (Datenschnittstelle)
Versionsstand	Datum des Vertragsabschlusses
Verantwortlich für die Bereitstellung eines Testdatenbestands	der Auftraggeber
Termin für die Bereitstellung eines Testdatenbestands	bei Beginn der Programmierung

5.6.8.2 Datenbeschreibung

Feldname	Schl	Typ/ Länge	Beschreibung
WE-NR	1. ES	A(10)	Nummer des Wareneingangs
WE-POSITIONS-NR	2. ES	N(3)	Zeilen-Nr der WE-Position
ARTIKEL-NR	FS	A(8)	Artikel-Nr des Lieferanten
MENGE		N(8)	Anzahl der gelieferten Artikel

5.7 Logon und Auswahlmenü

5.7.1 Allgemeine Beschreibung

Gegenstand:	Vereinbarung:
Art des Prozesses	Bildschirm-Dialog
Rechteinhaber des Programms	Auftraggeber
Vorschriften und Standards	keine
Programmiersprache	Cobol
Quellcode-Überlassung	Ja

5.7.2 Der Arbeitsablauf

Arbeits-schritt:	Aktion:
1.	Aufruf der Anwendung
2.	Benutzeridentifikation und Paßwort eintragen
3.	Prozeß auswählen (Option)
4.	Einlesen eines Satzes aus der Tabelle der Benutzer und Paßwörter mit Hilfe der eingegebenen Benutzeridentifikation als Suchbegriff
5.	Einlesen eines Satzes aus der Berechtigungstabelle mit Hilfe der eingegebenen Benutzeridentifikation als Suchbegriff
6.	Wenn die Benutzeridentifikation und das Paßwort korrekt sind, zum ausgewählten Prozeß verzweigen

5.7.3   Prozeßmodell

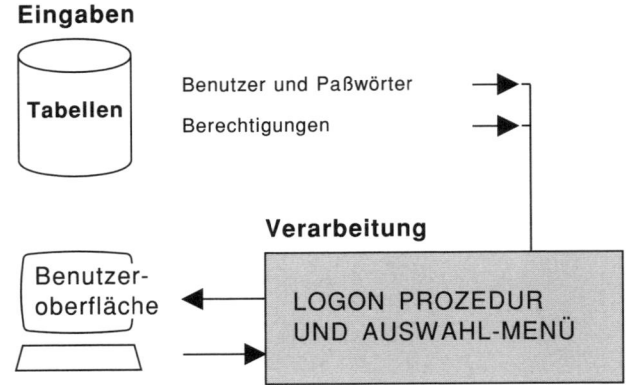

Prozeßmodell für die Logon-Prozedur und das Auswahl-Menü

5.7.4   Die Eingabe-Daten

Bezeichnung des Datenbestands		Herkunft (Prozeß)
Benutzer und Paßwörter	5.6.1	Systemadministration (Datenschnittstelle)
Berechtigungstabelle	5.6.2	Systemadministration (Datenschnittstelle)

5.7.5   Bildschirm-Dialog

5.7.5.1 Allgemeine Beschreibung

Gegenstand:	Vereinbarung:
Erforderlicher Berechtigungs-schlüssel zur Durchführung des Prozesses	nicht erforderlich
Ident-Nr der Bildschirmmaske	B-AM
Bildschirmmodus	Text
Vorschriften und Standards	keine
Unterstützung anderer Landes-sprachen	nein
Parametrisierung	keine

5.7.5.2 Bildschirmmaske

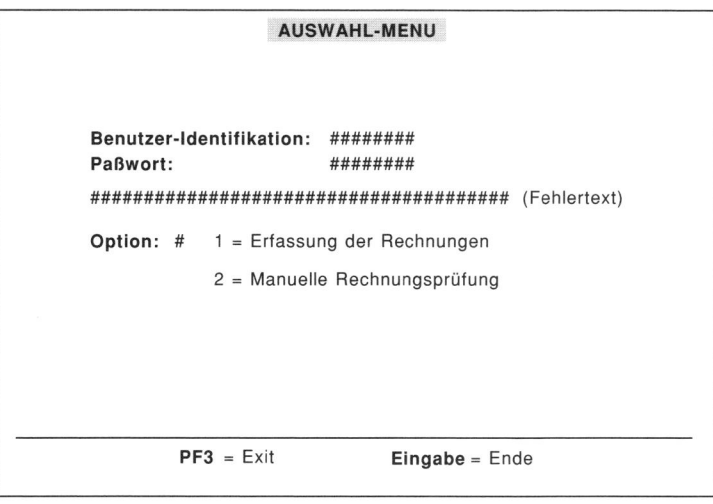

```
                        AUSWAHL-MENU


        Benutzer-Identifikation:    ########
        Paßwort:                    ########

        ###################################### (Fehlertext)

        Option:  #   1 = Erfassung der Rechnungen

                     2 = Manuelle Rechnungsprüfung




        _____

                PF3 = Exit            Eingabe = Ende
```

Bildschirm-Maske für die Logon-Prozedur und das Auswahl-Menü

5.7.5.3 Datenbeschreibung

Feldname	Typ/ Länge	B A	B V	Beschreibung
BENUTZER-IDENTIFIKATION	A(8)			bleibt bei der Ausgabe leer, wird vom Benutzer eingegeben
PASSWORT	A(8)			bleibt bei der Ausgabe leer, wird vom Benutzer eingegeben
OPTION	C			bleibt bei der Ausgabe leer, dient der Auswahl des nächsten Prozesses, wird vom Benutzer eingegeben

5.7.5.4 Einzelheiten zum Arbeitsablauf

Gegenstand:	Vereinbarung:
Einstieg in den Prozeß	Aufruf der Anwendung „Maschinell unterstützte Rechnungsprüfung"
Anzeige von Datenfeldern nach dem Einstieg	alle variablen Datenfelder sind leer
Weiterblättern	nicht erforderlich
Durchführung wichtiger Aktionen	Eingabe der Benutzeridentifikation, des Paßworts und der Option für die Verzweigung zu einem anderen Prozeß
Abschließen der Bearbeitung eines Vorgangs	mit der Eingabe(Enter)-Taste
Nachträgliche Korrektur eines abgeschlossenen Vorgangs	durch Neueingabe der Benutzeridentifikation, des Paßworts und der Option nach einer Fehlermeldung

5.7.5.5 Verzweigung zu anderen Prozessen

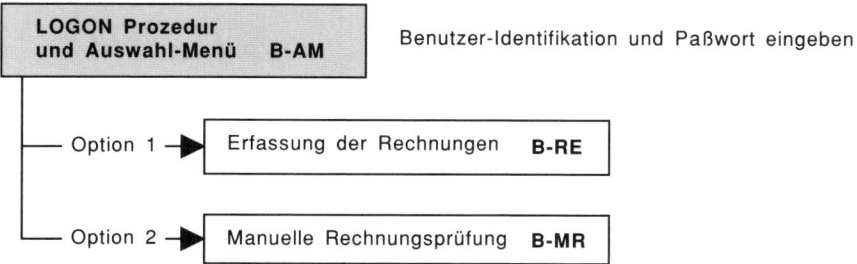

Bildschirm-Struktur für die Verzweigung zu anderen Prozessen

Optionen (Eingabe)	Masken-Identifikation	Bezeichnung des Prozesses:
1	B-RE	Erfassung der Rechnungen
2	B-MR	Manuelle Rechnungsprüfung
keine Benutzeridentifikation		Ausstieg (Ende) der Anwendung „Maschinell unterstützte Rechnungsprüfung"

5.7.6 Regeln für die Bildung von Fehlermeldungen

Fragen:	Antworten:					
Wurde eine Benutzeridentifikation eingegeben?	N	J				
Ist die Benutzeridentifikation korrekt?		N	J			
Ist das Paßwort gültig?			N	J		
Wurde als Option „1" oder „2" eingegeben?				N	J	
Ist der Benutzer für den ausgewählten Prozeß berechtigt?					N	J
Aktionen:	**Reihenfolge:**					
den Prozeß beenden und die Anwendung „Maschinell unterstützte Rechnungsprüfung" verlassen	1.					
Fehlermeldung: „Benutzeridentifikation nicht bekannt"		1.				
Fehlermeldung: „Ungültiges Paßwort"			1.			
Fehlermeldung: „Ungültige Option"				1.		
Fehlermeldung: „Der Benutzer ist für den ausgewählten Prozeß nicht berechtigt"					1.	
Neue Eingaben		2.	2.	2.	2.	
zum ausgewählten Prozeß verzweigen						1.

5.8   Die Erfassung der Rechnungen

5.8.1   Allgemeine Beschreibung

Gegenstand:	Vereinbarung:
Art des Prozesses	Bildschirm-Dialog
Rechteinhaber des Programms	Auftraggeber
Vorschriften und Standards	keine
Programmiersprache	Cobol
Quellcode-Überlassung	Ja

5.8.2   Einbindung vorhandener Programme

5.8.2.1 Allgemeine Beschreibung

Gegenstand:	Vereinbarung:
Bezeichnung des Programms	Programm zur Erfassung von Rechnungen eines Lieferanten
Ident-Nr des Programms	P-12345
Art des Programms	Dialog-Programm
Lizenzprogramm Ja/Nein	nein
Rechteinhaber	Auftraggeber
Versionsstand	Datum des Vertragsabschlusses
Programmbeschreibung	Programm-Dokumentation vom TT.MM.JJJJ
Programmiersprache	Cobol

Gegenstand:	Vereinbarung:
Quellcode verfügbar	Ja
Termin für die Bereitstellung der Programmbeschreibung und des Quellcodes	Bei Beginn der Programmierung

5.8.2.2 Bearbeitungen

1. Erweiterung um die Ausgabe zusätzlicher Datenfelder in der Tabelle der Rechnungs-Kopfdaten (siehe 5.6.3.3.1 Beschreibung der Bearbeitungen).

2. Erweiterung um die Ausgabe einer Referenztabelle für neu eingegangene Rechnungen (siehe 5.8.9.3 Neu eingegangene Rechnungen).

5.8.3   Arbeitsablauf

Arbeits-schritt:	Aktion:
1.	Die Daten der neu eingegangenen Rechnungen werden am Bildschirm erfaßt.
2.	Nach der Betätigung der Eingabetaste werden neue Sätze in 1. der Tabelle der Rechnungs-Kopfdaten 2. der Tabelle der Rechnungs-Positionsdaten 3. der Referenztabelle der neu eingegangenen Rechnungen. angelegt.

Anmerkung: Die Tabelle der neu eingegangenen Rechnungen hat den Charakter einer Referenztabelle (Relationship). Sie bewirkt, daß bei dem nachfolgenden Prozeß der maschinellen Rechnungsprüfung nicht der gesamte Datenbestand der Rechnungsdaten sequentiell durchgelesen werden muß, um die neu eingegangenen Rechnungen zu finden.

5.8.4   Prozeßmodell

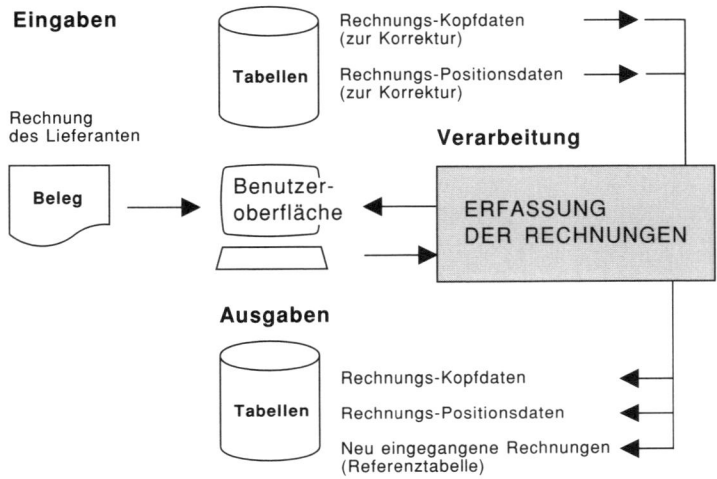

Prozeßmodell für die Erfassung der Rechnungen

5.8.5   Die Eingabe-Daten

Bezeichnung des Datenbestands		Herkunft (Prozeß)
Rechnung des Lieferanten	–	Lieferant (Datenschnittstelle)
Rechnungs-Kopfdaten	5.8.9.1	
Rechnungs-Positionsdaten	5.8.9.2	

Anmerkung: Die Rechnungs-Kopf- und -Positionsdaten sind nur dann Eingabe-daten, wenn es sich um Korrekturen an bereits erfaßten Rechnungen handelt.

5.8.6   Bildschirm-Dialog

5.8.6.1 Allgemeine Beschreibung

Vereinbarung:	Gegenstand:
Erforderlicher Berechtigungsschlüssel zur Durchführung des Prozesses	60
Ident-Nr der Bildschirmmaske	B-RE
Bildschirmmodus	Text
Vorschriften und Standards	keine
Unterstützung anderer Landessprachen	nein
Parametrisierung	keine

5.8.6.2 Bildschirmmaske

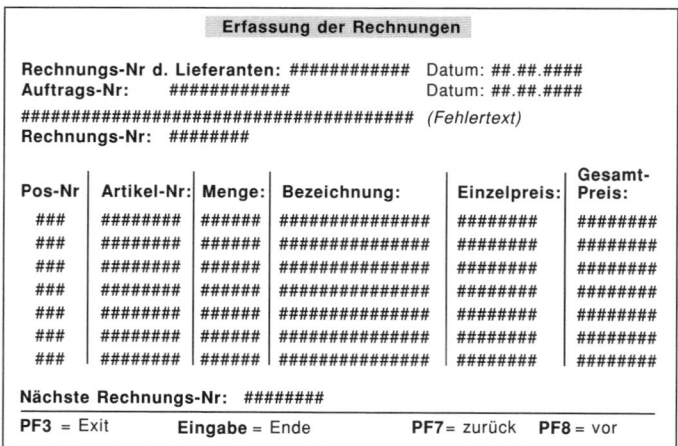

Bildschirm-Maske für die Erfassung der Rechnungen

Anmerkung: Im Gegensatz zu den Angaben in der Datenstruktur sind die Feldlängen in der Maske aus Platzgründen nicht korrekt dargestellt.

5.8.6.3 Datenbeschreibung

In dieser Datenbeschreibung bedeutet:

Regel 1   bleibt bei der Ausgabe leer, wird vom Benutzer am Bildschirm eingegeben (kopiert von der Rechnung des Lieferanten)

Feldname	Typ/ Länge	B A	B V	Beschreibung
Kopfdaten:				
RECHNUNGS-NR-DES-LIEFERANTEN	A(12)		60	Regel 1
DATUM-DER RECHNUNG	A(10)		60	Regel 1
AUFTRAGS-NR	A(12)		60	Regel 1
DATUM-DES AUFTRAGS	A(10)		60	Regel 1
RECHNUNGS-NR	A(8)		G	Interne Rechnungs-Nr des Auftraggebers für die neu eingegangene und erfaßte Rechnung, wird als nächste freie Rechnungsnummer maschinell generiert
NÄCHSTE-RECHNUNGS-NR	A(8)		60	Nächste interne Rechnungs-Nr des Auftraggebers, bleibt bei der Ausgabe leer, wird vom Benutzer am Bildschirm eingegeben (um eine Rechnung zu korrigieren)

Feldname	Typ/ Länge	B A	B V	Beschreibung
Positionsdaten:				
POS-NR	N(3)		G	Nummer der Rechnungsposition, wird maschinell generiert
ARTIKEL-NR	A(8)		60	Nummer des Artikels, Regel 1
MENGE	N(8)		60	Menge des Artikels, Regel 1
BEZEICHNUNG	A(17)		60	Name des Artikels, Regel 1
EINZELPREIS	N(8,2)		60	Einzelpreis für den Artikel, Regel 1
GESAMT-PREIS	N(8,2)		60	Regel 1

5.8.6.4 Einzelheiten zum Arbeitsablauf

Gegenstand:	Vereinbarung:
Einstieg in den Prozeß	über das Auswahlmenü
Anzeige von Datenfeldern nach dem Einstieg	1. Die interne Rechnungs-Nr des Auftraggebers wird als nächste freie Rechnungs-Nr maschinell generiert und in das Datenfeld „Rechnungs-Nr" auf dem Bildschirm kopiert. 2. Danach werden leere Zeilen für die übrigen Kopf- und Positionsdaten der Rechnung am Bildschirm angezeigt, um die Daten der neu eingegangenen Rechnung eingeben zu können.

Gegenstand:	Vereinbarung:
Weiterblättern	Mit PF7 und PF8 kann in den Zeilen für die Rechnungspositionen geblättert werden. Falls die Leerzeilen für die Rechnungspositionen nicht ausreichen, werden mit PF8 zusätzliche Leerzeilen angezeigt.
Durchführung wichtiger Aktionen	keine besondere Vereinbarung
Abschließen der Bearbeitung eines Vorgangs	mit der Eingabe(Enter)-Taste
Nachträgliche Korrektur eines abgeschlossenen Vorgangs	durch Eingabe der betreffenden Rechnungs-Nr in das Feld „Nächste-Rechnungs-Nr" werden die Daten der zu korrigierenden Rechnung angezeigt

5.8.6.5 Verzweigung zu anderen Prozessen

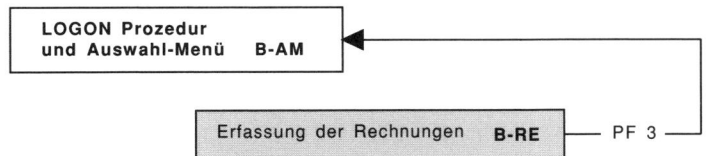

Bildschirm-Struktur für die Verzweigung zu anderen Prozessen

Optionen (Eingabe)	Bildschirm-Identifikation	Bezeichnung des Prozesses:
PF 3	B-AM	Rücksprung zum Auswahlmenü

5.8.7   Regeln für die Bildung von Fehlermeldungen

Fragen:		Antworten:		
Wurde ein alphanumerischer Wert in ein Datenfeld eingegeben, das einem numerischen Wert vorbehalten ist?		J	N	
Wurde zum Zweck einer Korrektur eine Rechnungsnummer eingegeben, für die noch keine entsprechenden Rechnungsdaten existieren?			J	N
Aktionen:		**Reihenfolge:**		
Fehlermeldung: „Bitte nur einen numerischen Wert eingeben"		1.		
Fehlermeldung: „Für diese Rechnungs-Nr existieren noch keine Daten"			1.	
Eingaben korrigieren		2.	2.	
Keine Fehlermeldung				1.

5.8.8 Regeln für die Ausgaben

Anmerkung: Die zusätzlichen Speicherung auf Spiegelplatten dient der Datensicherung (Systemtechnische Maßnahme).

Fragen:	Antworten:	
Fehlermeldung nach der Dateneingabe? (siehe 5.8.7 Regeln für die Bildung von Fehlermeldungen)	N	J
Aktionen:	**Reihenfolge:**	
Neuen Satz in die Tabelle der Rechnungs-Kopfdaten stellen und auf Spiegelplatte schreiben	1.	
Neue Sätze in die Tabelle der Rechnungs-Positionsdaten stellen und auf Spiegelplatte schreiben	2.	
Neuen Satz in die Referenztabelle der neu eingegangenen Rechnungen stellen und auf Spiegelplatte schreiben	3.	
Keine Datei-Ausgaben, Korrektur der Fehler		1.

5.8.9   Beschreibung der Ausgaben

5.8.9.1   Rechnungs-Kopfdaten

5.8.9.1.1 Allgemeine Beschreibung

Gegenstand:	Vereinbarung:
Datei-Art	Tabelle
Dateiformat	satzorientiert
Vorschriften und Standards	keine
Zugeordneter Sprachenschlüssel	Deutsch
Verwendung in anderen Systemen (Datenschnittstellen)	• Einkauf • Buchhaltung und Rechnungswesen

5.8.9.1.2 Datenbeschreibung

In dieser Datenbeschreibung bedeutet:

Regel 1   kopiert vom Eingabefeld am Bildschirm

Feldname	Schl	Typ/ Länge	Beschreibung
RECHNUNGS-NR	ES	A(10)	Interne Rechnungs-Nr des Auftraggebers, kopiert vom maschinell generierten Datenfeld „Rechnungs-Nr" am Bildschirm
DATUM-RCH		A(10)	Datum der Rechnung des Lieferanten, Regel 1
LIEFER-RCH-NR		A(10)	Rechnungs-Nr des Lieferanten, Regel 1
AUFTRAGS-NR	FS	A(10)	Nummer der Einkaufs-Bestellung, Regel 1

Feldname	Schl	Typ/ Länge	Beschreibung
DATUM-ERFSSG		A(10)	Datum der Rechnungs-Erfassung, System(Maschinen)-Datum
DATUM-MASCH		A(10)	Datum der maschinellen Rechnungs-prüfung, bleibt leer
DATUM-MAN		A(10)	Datum der manuellen Rechnungs-prüfung, bleibt leer
FREIGEGEBEN-VON		A(8)	bleibt leer (wenn dieses Feld leer ist, wurde die Rechnung noch nicht freigegeben).

5.8.9.2 Rechnungs-Positionsdaten

5.8.9.2.1 Allgemeine Beschreibung

Gegenstand:	Vereinbarung:
Datei-Art	Tabelle
Dateiformat	satzorientiert
Vorschriften und Standards	keine
Zugeordneter Sprachenschlüssel	Deutsch
Verwendung in anderen Systemen (Datenschnittstellen)	• Einkauf • Buchhaltung und Rechnungswesen

5.8.9.2.2 Datenbeschreibung

In dieser Datenbeschreibung bedeutet:

Regel 1   kopiert vom Eingabefeld am Bildschirm

Feldname	Schl	Typ / Länge	Beschreibung
RECHNUNGS-NR	1. ES	A(10	Interne Rechnungs-Nr des Auftragge-bers, kopiert vom maschinell generier-ten Datenfeld „Rechnungs-Nr" am Bildschirm
RECHNUNGS-POSITIONS-NR	2. ES	N(3)	Zeilen-Nr einer Rechnungsposition, kopiert vom maschinell generierten Feld am Bildschirm
ARTIKEL-NR	FS	A(8)	Artikel-Nr des Lieferanten, Regel 1
MENGE		N(8)	Anzahl der berechneten Artikel, Regel 1
BEZEICHNUNG		A(17)	Name des Artikels, Regel 1
EINZELPREIS		N(8,2)	Einzelpreis des Artikels, Regel 1
GESAMTPREIS		N(8,2)	Gesamtpreis der berechneten Artikel in dieser Rechnungsposition, Regel 1

5.8.9.3 Neu eingegangene Rechnungen

5.8.9.3.1 Allgemeine Beschreibung

Gegenstand:	Vereinbarung:
Datei-Art	Tabelle
Dateiformat	satzorientiert
Vorschriften und Standards	keine
Zugeordneter Sprachenschlüssel	Deutsch
Verwendung in anderen Systemen (Datenschnittstellen)	keine

5.8.9.3.2 Datenbeschreibung

Feldname	Schl	Typ/ Länge	Beschreibung
RECHNUNGS-NR	ES	A(10	Maschinell generierte interne Rechnungs-Nr des Auftraggebers für die neu eingegangene und erfaßte Rechnung, kopiert vom Datenfeld „Rechnungs-Nr" am Bildschirm

5.9   Die maschinelle Rechnungsprüfung

5.9.1   Allgemeine Beschreibung

Gegenstand:	Vereinbarung:
Art des Prozesses	Stapelverarbeitungsprogramm (Batch)
Rechteinhaber des Programms	Auftraggeber
Vorschriften und Standards	keine
Parametrisierung	nicht vorgesehen
Programmiersprache	Cobol
Quellcode-Überlassung	Ja

5.9.2   Arbeitsablauf

Arbeits-schritt	Aktion:
1.	Die Referenztabelle der neu eingegangenen Rechnungen wird sequentiell abgearbeitet. Mit Hilfe der darin enthaltenen Rechnungsnummer als Suchbegriff wird auf die Tabellen der Rechnungsdaten zugegriffen.
2.	Mit der Bestellnummer (Auftrags-Nr) aus den Rechnungs-Kopfdaten wird auf die ensprechenden Auftrags- und WE-Daten zugegriffen.
3.	Zunächst werden die Rechnungs-Kopfdaten mit den entsprechenden Auftrags- und WE-Daten verglichen.

Arbeits-schritt	Aktion:
4.	Danach folgt der Vergleich der einzelnen Rechnungspositionen mit den entsprechenden Auftrags- und WE-Daten hinsichtlich der Artikelnummern, der Anzahl und der Preise.
5.	Ausgabe neuer Sätze in die Tabelle der Rechnungsdaten und – je nach dem Ergebnis der maschinellen Prüfung – in die Referenztabellen für Rechnungs-Freigaben und Abweichungen (siehe 5.9.5 Regeln für die Ausgaben).

5.9.3 Prozeßmodell

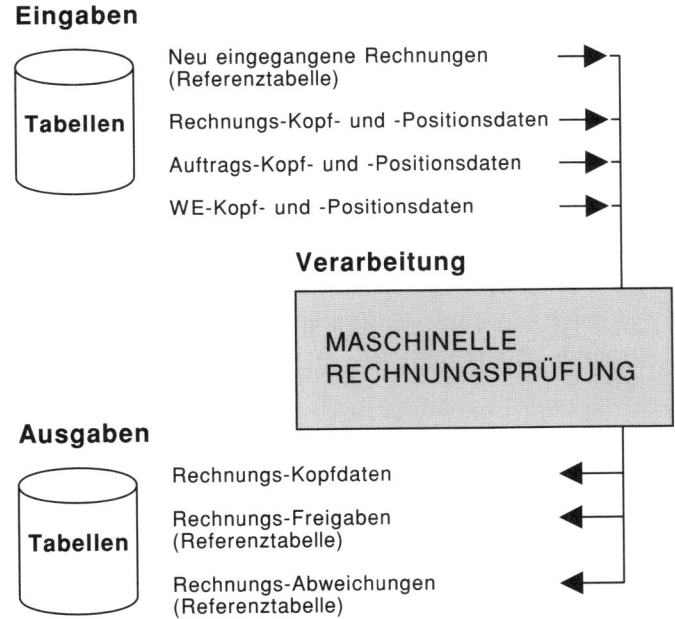

Prozeßmodell für die maschinelle Rechnungsprüfung

5.9.4   Die Eingabe-Daten

Bezeichnung des Datenbestands		Herkunft (Prozeß)
Auftrags-Kopfdaten	5.6.5	Einkauf (Datenschnittstelle)
Auftrags-Positionsdaten	5.6.6	Einkauf (Datenschnittstelle)
WE-Kopfdaten	5.6.7	Wareneingang (Datenschnittstelle)
WE-Positionsdaten	5.6.8	Wareneingang (Datenschnittstelle)
Rechnungs-Kopfdaten	5.8.9.1	5.8 Die Erfassung der Rechnungen
Rechnungs-Positionsdaten	5.8.9.2	5.8 Die Erfassung der Rechnungen
Neu eingegangene Rechnungen	5.8.9.3	5.8 Die Erfassung der Rechnungen

5.9.5   Regeln für die Ausgaben

Anmerkung: Die zusätzlichen Speicherung auf Spiegelplatten dient der Datensicherung (Systemtechnische Maßnahme).

Tabellen-Bezeichnung:	A						
Fragen:	**Antworten:**						
Ist (noch) eine Rechnungsposition vorhanden?	N	J					
Gibt es zu dieser Rechnungsposition die entsprechenden Positionen eines Einkaufs-Auftrags und eines Wareneingangs?		N	J				
Stimmt die Artikel-Nr in der Rechnungsposition mit den Artikelnummern des Auftrags und des Wareneingangs überein?			N	J			
Stimmt die berechnete Menge in der Rechnungsposition mit der bestellten und der eingegangenen Menge überein?				N	J		
Stimmt der Einzelpreis in der Rechnungsposition mit dem Einzelpreis der Auftragsposition überein?					N	J	
Ist der Gesamtpreis in jeder Rechnungsposition = Menge x Einzelpreis?						N	J
Aktionen:	**Reihenfolge:**						
Positions-Nr der Abweichungen = Positions-Nr der Rechnung		1.	1.	1.	1.	1.	
Einen neuen Satz in die Tabelle der Abweichungen und auf die Spiegelplatte schreiben		2.	2.	2.	2.	2.	
Nächste Rechnungsposition lesen		3.	3.	3.	3.	3.	1.
Fortsetzung mit Tabelle:	B	A	A	A	A	A	A

Tabellen-Bezeichnung:	B	
Fragen:	**Antworten:**	
Sind Sätze in die Tabelle der Abweichungen geschrieben worden?	N	J
Aktionen:	**Reihenfolge:**	
Freigegeben-von in der Tabelle der Rechnungs-Kopfdaten = „SYSTEM"	1.	
Den Satz in der Tabelle der Rechnungs-Kopfdaten fortschreiben und auf Spiegelplatte schreiben	2.	1.
Neuen Satz in die Tabelle der Freigaben (freigegebene Rechnungen) zur Überweisung und Buchung stellen und auf die Spiegelplatte schreiben	3.	
Den Satz in der Referenztabelle der neu eingegangenen Rechnungen löschen und von der Spiegelplatte löschen	4.	2.

5.9.6   Beschreibung der Ausgaben

5.9.6.1 Rechnungs-Kopfdaten

5.9.6.1.1 Allgemeine Beschreibung

Gegenstand:	Vereinbarung:
Datei-Art	Tabelle
Dateiformat	satzorientiert
Vorschriften und Standards	keine
Zugeordneter Sprachenschlüssel	Deutsch
Verwendung in anderen Systemen (Datenschnittstellen)	• Einkauf • Buchhaltung und Rechnungswesen

5.9.6.1.2 Datenbeschreibung

In dieser Beschreibung bedeutet:

Regel 1   kopiert aus der eingelesenen Tabelle der Rechnungs-Kopfdaten

Feldname	Schl	Typ/ Länge	Beschreibung
RECHNUNGS-NR	ES	A(10)	Interne Rechnungs-Nr des Auftraggebers, kopiert aus der sequentiell eingelesenen Tabelle der neu eingegangenen Rechnungen
DATUM-RCH		A(10)	Datum der Rechnung des Lieferanten, Regel 1
LIEFER-RCH-NR		A(10)	Rechnungs-Nr des Lieferanten, Regel 1
AUFTRAGS-NR	FS	A(10)	Nummer der Einkaufs-Bestellung, Regel 1
DATUM-ERFSSG		A(10)	Datum der Rechnungs-Erfassung, Regel 1
DATUM-MASCH		A(10)	Datum der maschinellen Rechnungs-Prüfung, System(Maschinen)-Datum
DATUM-MAN		A(10)	Datum der manuellen Rechnungs-Prüfung, bleibt leer
FREIGEGEBEN-VON		A(8)	Datenbildung siehe 5.9.5 Regeln für die Ausgaben (bleibt leer, wenn keine Freigabe)

5.9.6.2 Abweichungen

5.9.6.2.1 Allgemeine Beschreibung

Gegenstand:	Vereinbarung:
Datei-Art	Tabelle
Dateiformat	satzorientiert
Vorschriften und Standards	keine
Zugeordneter Sprachenschlüssel	Deutsch
Verwendung in anderen Systemen (Datenschnittstellen)	keine

5.9.6.2.2 Datenbeschreibung

Feldname	Schl	Typ/ Länge	Beschreibung
RECHNUNGS-NR	1. ES	A(10)	Interne Rechnungs-Nr des Auftragge-bers, kopiert aus der sequentiell eingele-senen Tabelle der neu eingegangenen Rechnungen
RECHNUNGS-POSITIONS-NR	2. ES	N(3)	Nummer der Rechnungsposition (Datenbildung siehe 5.9.5 Regeln für die Ausgaben)

5.9.6.3 Freigaben

5.9.6.3.1 Allgemeine Beschreibung

Gegenstand:	Vereinbarung:
Datei-Art	Tabelle
Dateiformat	satzorientiert
Vorschriften und Standards	keine
Zugeordneter Sprachenschlüssel	Deutsch
Verwendung in anderen Systemen (Datenschnittstellen)	Buchung und Überweisung der Rechnungsbeträge an den Lieferanten

5.9.6.3.2 Datenbeschreibung

Feldname	Schl	Typ/ Länge	Beschreibung
RECHNUNGS-NR	1. ES	A(10)	Interne Rechnungs-Nr des Auftraggebers, kopiert aus der sequentiell eingelesenen Tabelle der neu eingegangenen Rechnungen

5.10   Die manuelle Rechnungsprüfung

5.10.1 Allgemeine Beschreibung

Gegenstand:	Vereinbarung:
Art des Prozesses	Dialog-Programm
Rechteinhaber des Programms	Auftraggeber
Vorschriften und Standards	keine
Parametrisierung	nicht vorgesehen
Programmiersprache	Cobol
Quellcode-Überlassung	Ja

5.10.2 Arbeitsablauf

Arbeits-schritt:	Aktion:
1.	Die Tabelle der Abweichungen wird sequentiell abgearbeitet. Mit Hilfe der darin enthaltenen Rechnungsnummer und Rechnungspositions-Nr als Suchbegriffe kann auf die Tabellen der Rechnungsdaten zugegriffen werden.
2.	Mit der Bestellnummer (Auftrags-Nr) aus den Rechnungs-Kopfdaten wird auf die ensprechenden Auftrags- und WE-Daten zugegriffen.
3.	Nach erfolgter Sichtprüfung und etwaiger Rücksprache mit dem Lieferanten entscheidet der(die) zuständige Rechnungsprüfer(in), ob die Rechnung unverändert freigegeben, korrigiert und freigegeben oder zurückgestellt wird.

5.10.3 Prozeßmodell

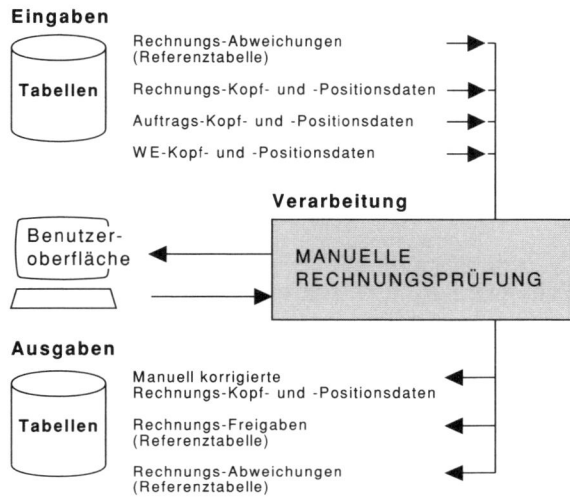

Prozeßmodell für die maschinelle Rechnungsprüfung

5.10.4 Die Eingabe-Daten

Bezeichnung des Datenbestands		Herkunft (Prozeß)
Auftrags-Kopfdaten	5.6.5	Einkauf (Datenschnittstelle)
Auftrags-Positionsdaten	5.6.6	Einkauf (Datenschnittstelle)
WE-Kopfdaten	5.6.7	Wareneingang (Datenschnittstelle)
WE-Positionsdaten	5.6.8	Wareneingang (Datenschnittstelle)
Rechnungs-Positionsdaten	5.8.9.2	5.8 Die Erfassung der Rechnungen
Rechnungs-Kopfdaten	5.9.6.1	5.9 Die maschinelle Rechnungsprüfung
Abweichungen	5.9.6.2	5.9 Die maschinelle Rechnungsprüfung

5.10.5 Bildschirm-Dialog

5.10.5.1 Allgemeine Beschreibung

Gegenstand:	Vereinbarung:
Erforderlicher Berechtigungsschlüssel zur Durchführung des Prozesses	70
Ident-Nr der Bildschirmmaske	B-MR
Bildschirmmodus	Text
Vorschriften und Standards	keine
Unterstützung anderer Landessprachen	nein
Parametrisierung	keine

5.10.5.2 Bildschirmmaske

```
                    MANUELLE RECHNUNGSPRÜFUNG

 Lieferant:          #########################################

 Rechnungs-Nr d. Lieferanten: ############  Datum: ##.##.####
 Auftrags-Nr:      ###########              Datum: ##.##.####
 WE-Nr:            ###########              Datum: ##.##.####
 #######################################  (Fehlertext)
 Rechnungs-Nr:  ########
 Freigabe (J/N):  #
                                                       Gesamt-
 Pos-Nr | Artikel-Nr:| Menge:| Bezeichnung:   | Einzelpreis:| Preis:

  ###   | ######## | ###### | ############### | ######## | ########
  ###   | ######## | ###### | ############### | ######## | ########
  ###   | ######## | ###### | ############### | ######## | ########
  ###   | ######## | ###### | ############### | ######## | ########
  ###   | ######## | ###### | ############### | ######## | ########

 Nächste Rechnungs-Nr:  ########
 _____
 PF1 = Auftragsdaten   PF2= WE-Daten      PF7= zurück   PF8 = vor
 PF3 = Exit            Eingabe = Ende
```

Bildschirm-Maske für die maschinelle Rechnungsprüfung

Anmerkung: Im Gegensatz zu den Angaben in der Datenstruktur sind die Feldlängen in der Maske aus Platzgründen nicht korrekt dargestellt.

5.10.5.3 Datenbeschreibung

In dieser Beschreibung bedeuten:

Regel 1   kopiert aus der eingelesenen Tabelle der Rechnungs-Kopfdaten
Regel 2   kopiert aus den Rechnungs-Positionsdaten,
            kann vom Benutzer korrigiert werden

Feldname	Typ/ Länge	B A	B V	Beschreibung
Kopfdaten:				
LIEFERANT	A(39)		G	Name des Lieferanten, kopiert aus den Auftragsdaten
RECHNUNGS-NR-DES-LIEFERANTEN	A(12)		G	Regel 1
DATUM-DER-RECH-NUNG	A(10)		G	Regel 1
AUFTRAGS-NR	A(12)		G	Regel 1
DATUM-DES-AUFTRAGS	A(10)		G	kopiert aus den Auftragsdaten
WE-NR	A(12)		G	Nummer des Wareneingangs, kopiert aus den Auftragsdaten
DATUM-DES-WE	A(10)		G	Datum des Wareneingangs, kopiert aus den WE-Daten
RECHNUNGS-NR	A(8)		G	Interne Rechnungs-Nr des Auftrag-gebers für die neu eingegangene und erfaßte Rechnung, kopiert aus der Tabelle der Abweichungen

Feldname	Typ/ Länge	B A	B V	Beschreibung
FREIGABE-JA/NEIN	C		70	Kennzeichen für die Freigabe, bleibt bei der Ausgabe leer, wird vom Benutzer am Bildschirm eingegeben
NÄCHSTE-RECHNUNGS-NR	A(8		70	Nächste interne Rechnungs-Nr des Auftraggebers, wird vom Benutzer am Bildschirm eingegeben
Positionsdaten:				
POS-NR	N(3)		G	Nummer der Rechnungsposition, kopiert aus dem Datenfeld „Rechnungspositions-Nr" der Rechnungs-Positionsdaten, wird farblich hervorgehoben, wenn es eine entsprechende Positions-Nr aus den Abweichungen gibt
ARTIKEL-NR	A(8)		70	Nummer des Artikels, Regel 2
MENGE	N(8)		70	Menge des Artikels, Regel 2
BEZEICHNUNG	A(17)		70	Name des Artikels, Regel 2
EINZELPREIS	N(8,2)		70	Einzelpreis für den Artikel, Regel 2
GESAMTPREIS	N(8,2)		70	Gesamtpreis der berechneten Artikel in dieser Rechnungsposition, Regel 2

5.10.5.4 Einzelheiten zum Arbeitsablauf

Gegenstand:	Vereinbarung:
Einstieg in den Prozeß	über das Auswahlmenü
Anzeige von Datenfeldern nach dem Einstieg	Beim Aufruf eines neuen Satzes aus der Tabelle der Abweichungen werden die Kopf- und Positionsdaten der Rechnung auf dem Bildschirm ausgegeben und diejenigen Zeilen farblich gekennzeichnet, bei denen eine Abweichung festgestellt wurde.
Weiterblättern	Mit PF7 und PF8 kann in den Zeilen für die Rechnungs-, Auftrags- bzw. WE-Positionem geblättert werden.
Durchführung wichtiger Aktionen	Die Freigabe wird durch Eingabe eines „J" in das Feld „Freigabe-Ja/Nein" zum Ausdruck gebracht (um irrtümliche Eingaben weitgehend auszuschließen).
Abschließen der Bearbeitung eines Vorgangs	Mit der Eingabe(Enter)-Taste.
Nachträgliche Korrektur eines abgeschlossenen Vorangs	Durch Eingabe der betreffenden Rechnungs-Nr in das Feld „Nächste-Rechnungs-Nr" werden die Daten der zu korrigierenden Rechnung angezeigt.

5.10.5.5 Hilfsfunktionen

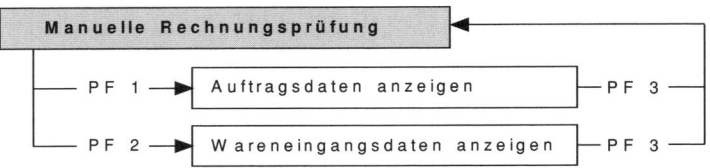

Bildschirm-Struktur für die Hilfsfunktion

Optionen (Eingabe)	Masken-Identifikation	Bezeichnung der Einblendung:
PF 1	HB-AD	Daten der Einkaufs-Bestellung (Auftragsdaten) anzeigen
PF 2	HB-WE	Wareneingangsdaten anzeigen
PF 3	B-MR	Rücksprung zur Maske der manuellen Rechnungsprüfung (Löschen der eingeblendeten Anzeige)

5.10.5.6 Verzweigungen zu anderen Prozessen

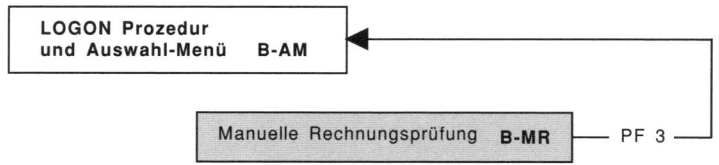

Bildschirm-Struktur für die Verzweigung zu anderen Prozessen

Optionen (Eingabe)	Bildschirm-Identifikation	Bezeichnung des Prozesses:
PF 3	B-AM	Rücksprung zum Auswahlmenü

5.10.6 Regeln für die Bildung von Fehlermeldungen

Fragen:	Antworten:			
Wurde ein alphanumerischer Wert in ein Datenfeld ein-gegeben, das einem numerischen Wert vorbehalten ist?	J	N		
Wurde für die Freigabe anstelle eines „J" ein anderes Zeichen eingegeben?		J	N	
Wurde zum Zweck einer Korrektur eine Rechnungs-nummer eingegeben, für die noch keine entsprechenden Rechnungsdaten existieren?			J	N
Aktionen:	**Reihenfolge:**			
Fehlermeldung: „Bitte nur einen numerischen Wert eingeben"	1.			
Fehlermeldung: „Bitte nur J eingeben oder leer lassen"		1.		
Fehlermeldung: „Für diese Rechnungs-Nr existieren noch keine Daten"			1.	
Eingaben korrigieren	2.	2.	2.	
Keine Fehlermeldung				1.

5.10.7 Regeln für die Ausgaben

Anmerkung: Die zusätzlichen Speicherung auf Spiegelplatten dient der Datensicherung (Systemtechnische Maßnahme).

Fragen:	Antworten:	
Wurde die Rechnung freigegeben? (Freigabe-Ja/Nein = „J", siehe Angaben zur Benutzeroberfläche)	J	N
Aktionen:	**Reihenfolge:**	
Den entsprechenden (evtl. korrigierten) Satz in der Tabelle der Rechnungs-Kopfdaten fortschreiben und auf Spiegelplatte schreiben	1.	
Den entsprechenden (evtl. korrigierten) Satz in der Tabelle der Rechnungs-Positionsdaten fortschreiben und auf Spiegelplatte schreiben	2.	
Einen neuen Satz in die Tabelle der freigegebenen Rechnungen (Freigaben) zur Überweisung und Buchung stellen und auf Spiegelplatte schreiben	3.	
Die entsprechenden Sätze in der Tabelle der Abweichungen und auf der Spiegelplatte löschen	4.	
Keine Datei-Ausgaben		1.

5.10.8 Beschreibung der Ausgaben

5.10.8.1 Rechnungs-Kopfdaten

5.10.8.1.1 Allgemeine Beschreibung

Allgemeine Beschreibung des vorhandenen und bearbeiteten Datenbestands siehe 5.6.3.1 Allgemeine Beschreibung.

5.10.8.1.2 Datenbeschreibung

In dieser Beschreibung bedeutet:

Regel 1   kopiert aus der eingelesenen Tabelle der Rechnungs-Kopfdaten

Feldname	Schl	Typ/ Länge	Beschreibung
RECHNUNGS-NR	ES	A(10)	Interne Rechnungs-Nr des Auftraggebers, kopiert vom Datenfeld aus der eingelesenen Tabelle der Abweichungen
DATUM-RCH		A(10)	Datum der Rechnung des Lieferanten, Regel 1
LIEFER-RCH-NR		A(10)	Rechnungs-Nr des Lieferanten, Regel 1
AUFTRAGS-NR	FS	A(10)	Nummer der Einkaufs-Bestellung, Regel 1
DATUM-ERFSSG		A(10)	Datum der Rechnungs-Erfassung, Regel 1
DATUM-MASCH		A(10)	Datum der maschinellen Rechnungsprüfung, Regel 1
DATUM-MAN		A(10)	System(Maschinen)-Datum
FREIGEGEBEN-VON		A(8)	wenn Freigabe-Ja/Nein = „J" (siehe Angaben zur Benutzeroberfläche), dann wird die Benutzeridentifikation (User-ID) des Rechnungsprüfers in dieses Datenfeld kopiert

5.10.8.2 Rechnungs-Positionsdaten

5.10.8.2.1 Allgemeine Beschreibung

Allgemeine Beschreibung des vorhandenen und bearbeiteten Datenbestands siehe 5.6.4.1 Allgemeine Beschreibung.

5.10.8.2.2 Datenbeschreibung

In dieser Beschreibung bedeutet:

Regel 1   kopiert von dem (evtl. korrigierten) Eingabefeld am Bildschirm

Feldname	Schl	Typ/ Länge	Beschreibung
RECHNUNGS-NR	1. ES	A(10	Interne Rechnungs-Nr des Auftragebers, kopiert vom Datenfeld aus der Tabelle der Abweichungen
RECHNUNGS-POSITIONS-NR	2. ES	N(3)	Zeilen-Nr einer Rechnungsposition, kopiert vom Datenfeld aus der Tabelle der Abweichungen
ARTIKEL-NR	FS	A(8)	Artikel-Nr des Lieferanten, Regel 1
MENGE		N(8)	Anzahl der Artikel, Regel 1
BEZEICHNUNG		A(17)	Name des Artikels, Regel 1
EINZELPREIS		N(8,2)	Einzelpreis des Artikels, Regel 1
GESAMTPREIS		N(8,2)	Gesamtpreis der berechneten Artikel in dieser Rechnungsposition, Regel 1

5.10.8.3 Freigaben

5.10.8.3.1 Allgemeine Beschreibung

Allgemeine Beschreibung des Datenbestands siehe 5.9.6.3.1 Allgemeine Beschreibung.

5.10.8.3.2 Datenbeschreibung

Feldname	Schl	Typ/ Länge	Beschreibung
RECHNUNGS-NR	ES	A(10)	Interne Rechnungs-Nr des Auftraggebers, kopiert aus der Tabelle der Abweichungen

5.11   Die Dokumentation

5.11.1 Anwenderhandbuch

Titel:	Inhalte der Dokumentation:
Verwendete Begriffe und Abkürzungen	siehe 5.1 Verwendete Begriffe und Abkürzungen und weitere, die im Laufe der Anwendungsentwicklung entstehen
Der Arbeitsablauf im Anwendungsgebiet	siehe 5.3 Der Arbeitsablauf im Anwendungsgebiet
Die Struktur der Bildschirm-Dialoge	siehe 5.4 Die Struktur der Bildschirm-Dialoge
Berechtigung	siehe 5.5 Berechtigung (Autorisierung)
Formblätter	soweit sie im Laufe der Anwendungsentwicklung entstehen

Beschreibung der einzelnen Prozesse	
Logon und Auswahlmenü	siehe 5.7 Logon und Auswahlmenü
Die Erfassung der Rechnungen	siehe 5.8 Die Erfassung der Rechnungen
Die maschinelle Rechnungsprüfung	siehe 5.9 Die maschinelle Rechnungsprüfung
Die manuelle Rechnungsprüfung	siehe 5.10 Die manuelle Rechnungsprüfung

5.11.2 Systemhandbuch

Titel:	Inhalt der Dokumentation:
Datenbank- und Dateiorganisation	die im Laufe der Anwendungsentwicklung entsteht
Tabellenaufbau, Datenstrukturen und Datenbeschreibungen	siehe 5.6　　　　Daten aus anderen Systemen 5.8.9　　　Beschreibung der Ausgaben 5.9.6　　　Beschreibung der Ausgaben 5.10.8　　Beschreibung der Ausgaben und evtl. weitere, die im Laufe der Anwendungsentwicklung entstehen
Namen der neu erstellten Programme und Programm-Moduln	die im Laufe der Anwendungsentwicklung festgelegt werden
Maßnahmen zur Fehlerbehebung	die im Laufe der Anwendungsentwicklung festgelegt werden
Schnittstellen zu anderen Systemen	siehe 5.6　　　　Daten aus anderen Systemen 5.9.6.3　　Freigaben 5.10.8.3　Freigaben
Systemtechnische Maßnahmen	Datenspeicherung auf Spiegelplatten siehe 5.8.8　　　Regeln für die Ausgaben 5.9.5　　　Regeln für die Ausgaben 5.10.7　　Regeln für die Ausgaben

5.12   Der Lieferumfang

5.12.1 Maschinen, Anlagen und Geräte (Hardware)

Es werden keine Maschinen, Anlagen oder Geräte geliefert.

5.12.2 Zu liefernde Programme

5.12.2.1 Bearbeitungen vorhandener Programme

Programm-Nummer	Bezeichnung	siehe	
P-12345	Erfassung neuer Rechnungen	5.8.2	Einbindung vorhandener Programme

5.12.2.2 Neu erstellte Programme

Bezeichnung des Programms	siehe	
Logon und Auswahlmenü	5.7	Logon und Auswahlmenü
Maschinelle Rechnungsprüfung	5.9	Die maschinelle Rechnungsprüfung
Manuelle Rechnungsprüfung	5.10	Die manuelle Rechnungsprüfung

5.12.3 Umstellung vorhandener Datenbestände

Bezeichnung des Datenbestands	siehe	
Rechnungs-Kopfdaten	5.6.3	Rechnungs-Kopfdaten

5.12.4 Zu übergebende Unterlagen

Bezeichnung der Unterlage	Bemerkungen
Anwenderhandbuch	siehe 5.11.1 Anwenderhandbuch
Systemhandbuch	siehe 5.11.2 Systemhandbuch
Fachliche Spezifikationen	die noch im Laufe der Anwendungsentwicklung erstellt werden
DV-technische Spezifikationen	die noch im Laufe der Anwendungsentwicklung erstellt werden
Quellcode	für die Programme 5.7 Logon und Auswahlmenü 5.8 Die Erfassung der Rechnungen 5.9 Die maschinelle Rechnungsprüfung 5.10 Die manuelle Rechnungsprüfung
Sonstige Unterlagen:	die im Laufe der Anwendungsentwicklung erstellt werden und für den Auftraggeber von berechtigtem Interesse sind

5.12.5 Dienstleistungen

Bezeichnung der Dienstleistung	Anzahl Arbeitstage (tarifliche Arbeitszeit)	Anzahl Teilnehmer
Beratung und Unterstützung bei der organisatorischen und technischen Vorbereitung der Systemeinführung	20	–
Beratung und Unterstützung bei der Installation und Inbetriebnahme	10	–
Unterstützung beim Test	10	–
Anwenderschulung	5	50
Schulung und Einweisung der Systemadministratoren	5	4
Hotline-Unterstützung nach der Inbetriebnahme	keine	–
Sonstige Dienstleistungen:	keine	–

5.13   Einträge in den BVB-Erstellungsscheinen

2.   Darstellung des Verfahrens

(Auflistung aller im Sinne der Definition des fachlichen Feinkonzeptes relevanten Dokumente)

> Gegenstand des Verfahrens ist die Realisierung einer
>
> **Maschinell unterstützten Rechnungsprüfung.**
>
> Die Arbeitsabläufe und die einzelnen Prozesse innerhalb des Anwendungssystems sind in der Anlage
>
> **„Leistungsbeschreibung für die Realisierung einer maschinell unterstützten Rechnungsprüfung" vom TT.MM.JJJJ**
>
> beschrieben. Die unter 3. Anforderungen an die Programme genannten Numerierungen und Abschnitte beziehen sich auf diese Anlage.

3   Anforderungen an die Programme (§ 3 Nr. 1 Abs. 1)

.....

- Anforderungen können durch detaillierte Verweise auf bereits vorhandene Dokumente, insbesondere solche, die unter Ziffer 2 aufgeführt sind, festgelegt werden. alle Dokumente, auf die Bezug genommen wird, sind dem Vertrag als Anlage beizufügen. -

3.1   Fachliche Spezifikationen

3.1.1   Funktionale Spezifikationen

3.1.1.1   Informationsbedarf

(z.B. Umfang, Zeitpunkt, Ort, Prioritäten)

> Daten aus anderen Systemen
> siehe
> 5.6   Die Eingabe-Daten
> 5.7.4   Die Eingabe-Daten
> 5.8.5   Die Eingabe-Daten
> 5.9.4   Die Eingabe-Daten
> 5.10.4 Die Eingabe-Daten

3.1.1.2   Informationsbasis

(z.B. logische Struktur, Mengengerüst, Verknüpfungen)

> Das Datenmodell und die Beschreibung der Datenbanken werden erst im Laufe der Systementwicklung festgelegt.

3.1.1.3   Informationsfluß
(z.B. Quellen, Ziele, Verzweigungen)

3.1.1.4   Verarbeitungsregeln
(z.B. für Buchungen, Steuerung, technisch-wissenschaftliche Berechnungen, Darstellung nach Möglichkeit formal, z.B. durch Formeln, Algorithmen, Entscheidungstabellen)

3.1.1.5   Schnittstellen Bearbeiter/Programme
(z.B. Strukturen und Inhalte von Bildschirm- und Listendarstellungen, Funktionstastenverwaltung)

3.1.1.6   Sonstige funktionale Spezifikationen

3.1.2 Qualitätsmerkmale

3.1.2.1 Zuverlässigkeit
(z.B. Robustheit, Datensicherheit)

siehe	
5.7	Logon und Auswahlmenü
5.8	Die Erfassung der Rechnungen
5.9	Die maschinelle Rechnungsprüfung
5.10	Die manuelle Rechnungsprüfung

3.1.2.2 Benutzungsfreundlichkeit
(z.B. Benutzerführung, Unterstützungsfunktionen, Ergonomie)

siehe	
5.7.5	Bildschirm-Dialog
5.8.6	Bildschirm-Dialog
5.10.5	Bildschirm-Dialog

3.1.2.3 Zeitverhalten
(z.B. Antwort-, Reaktionszeiten, Durchsätze; diese Angaben erfordern die präzise Beschreibung der auszuführenden Funktionen und der jeweiligen vorausgesetzten Randbedingungen wie Hardware-Konfiguration, Systemsoftware, sonstige Programmumgebung, Auslastungen von Zentraleinheit und Kanälen, Datenvolumen)

> keine Vorgaben

3.1.2.4 Pflegefreundlichkeit
(Angaben zum zu erwartenden Pflegebedarf: z.B. Änderungsart, -umfang, -häufigkeit, Zeitrahmen für Einarbeitung und Durchführung)

> Die Pflege der unter diesem Erstellungsschein erstellten Software ist nicht im Leistungsumfang enthalten.
>
> Für die Pflege der unter diesem Erstellungsschein erstellten Software gilt der gesondert abzuschließende Vertrag nach BVB-Pflege.

3.1.2.5 Portabilität
(Angabe der DV-Anlagen und Grundsoftware, mit denen die Programme zusammenwirken können)

> nicht gefordert

3.1.2.6   Sonstige Qualitätsmerkmale

3.2   Technische Spezifikationen

3.2.1   **Programmtechnische Vorgaben** – soweit aus Sicht des Auftraggebers erforderlich
(z.B. Programmiersprachen, -techniken, -richtlinien, Fachnormen)

siehe 5.7.1   Allgemeine Beschreibung 5.8.1   Allgemeine Beschreibung 5.9.1   Allgemeine Beschreibung 5.10.1   Allgemeine Beschreibung

3.2.2   **Vorgaben aufgrund der Hardware- und Software-Umgebung**
(z.B. verfügbare Hardware-Konfiguration, Ablauf- und Datenschnittstellen zu anderen Programmen)

siehe 5.2   Die technische Umgebung – das Zielsystem 5.6   Daten aus anderen Systemen 5.8.9   Beschreibung der Ausgaben 5.9.6   Beschreibung der Ausgaben 5.10.8   Beschreibung der Ausgaben

3.3   Anforderungen an die Dokumentation (§ 16 Nr. 1)
(Programmentwicklungsdokumentation z.B. nach DIN 66 231, Programmdokumentation z.B. nach DIN 66 230, Richtlinien des Auftraggebers)

siehe 5.11.1   Anwenderhandbuch 5.11.2   Systemhandbuch

3.4   Unverzichtbare Leistungsmerkmale
(§ 12 Nr. 1 Abs. 1, vgl. Begriffsbestimmung für „Nicht aufgabengerechte Nutzung")
(Hier sind diejenigen Angaben aus den Ziffern 3.1 und 3.2 zu benennen, die für den Auftraggeber unverzichtbare Leistungsmerkmale sind)

Keine Vereinbarungen

6 Änderungsvereinbarungen

„Es irrt der Mensch, solang er strebt"
Goethe, Faust I, Prolog im Himmel

Man kann niemandem zum Vorwurf machen, daß er mit der Zeit klüger wird. Und so geschieht es denn auch recht häufig, daß sich im Laufe des Projektfortschritts die Ansichten und Erkenntnisse zu einem Projekt ändern, und wenn es nur die schlichte Einsicht ist, daß das veranschlagte Projektbudget nicht mehr ausreicht. Dann ist es Zeit für eine Änderungsvereinbarung. Sie werden sich erinnern:

> *„Wenn der Auftragnehmer erkennt, daß eine Forderung an das Verfahren objektiv nicht erfüllbar ist oder aufgrund des Fortgangs der Arbeiten eine Anpassung der Leistungsbeschreibung ... oder von Forderungen zur Vertragsausführung notwendig ist, hat er dies und die ihm erkennbaren Folgen dem Auftraggeber unverzüglich schriftlich mitzuteilen."*

> *(BVB-Planung, § 3 Leistungen des Auftragnehmers, 1., Absatz 3).*

Umgekehrt wird aber auch ein Schuh daraus: Wenn nämlich der Auftraggeber erkennt, daß eine Anpassung der Leistungsbeschreibung notwendig oder wünschenswert ist, dann sollte auch er „dies und die ihm erkennbaren Folgen" dem Auftragnehmer unverzüglich schriftlich mitteilen.

In der Hektik des Geschehens wird das leider allzu oft „vergessen". Man kennt sich ja inzwischen und hat – hoffentlich – ein gutes Verhältnis zum Projektleiter des Vertragspartners. Außerdem steckt man bis über beide Ohren in der Arbeit. Da kostet es manchmal schon eine gewisse Überwindung, jetzt auch noch eine schriftliche Änderungsvereinbarung aufzusetzen und damit „den Marsch durch die Institutionen" anzutreten. Denn Änderungsvereinbarungen sind Vertragsbestandteile und müssen deshalb von den Vertragspartnern und nicht etwa nur von Projektleitern unterschrieben werden. Die Vertragspartner sind aus den Unterschriften unter dem Projektvertrag ersichtlich.

Wer dies für einen unangemessen hohen Aufwand hält, der möge sich darüber im klaren sein, daß die Abnahmeprüfungen gegen die zum Zeitpunkt der Abnahme gültige Leistungsbeschreibung zu erfolgen hat und daß diese nicht nur aus der Leistungsbeschreibung bei Vertragsabschluß, sondern auch aus den im beiderseitigen Einvernehmen abgeschlossenen Änderungsvereinbarungen besteht.

Man könnte deshalb eine Änderungsvereinbarung auch als „kleine" Leistungsbeschreibung bezeichnen. Der Unterschied gegenüber der „großen" Leistungsbeschreibung bei Abschluß des Vertrags besteht darin, daß in einer Änderungsvereinbarung nur die jeweiligen Abweichungen von den bis dahin gültigen Vereinbarungen beschrieben werden. Das heißt, es sind darin nur diejenigen Komponenten aufzuführen, die entfallen (Streichungen), durch andere ersetzt werden (Ersetzungen) oder zusätzlich aufzunehmen sind (Erweiterungen).

Die Abweichungen von dem bis dahin vereinbarten Leistungsumfang können auf dieselbe Art beschrieben werden wie in der „großen" Leistungsbeschreibung. Und wenn Sie sich dafür entschieden haben sollten, Ihre Leistungsbeschreibung entsprechend der in Kapitel 4 dargestellten Struktur zu modularisieren, dann ist diese Beschreibung besonders einfach. Bitte betrachten Sie dazu das folgende Beispiel.

6.1   Beispiel für eine Änderung des Leistungsumfangs

In Kapitel 5 wurde eine Leistungsbeschreibung für eine maschinell unterstützte Rechnungsprüfung dargestellt.

Bei der manuellen Rechnungsprüfung (Abschnitt 5.10) wird die Tabelle der Abweichungen sequentiell abgearbeitet. Dabei stößt der Rechnungsprüfer zwangsläufig immer wieder auf zurückgestellte Rechnungen, die noch nicht geklärt und korrigiert werden konnten. Das kann möglicherweise doch sehr lästig werden. Nehmen wir deshalb an, daß man im Laufe der Systementwicklung zu der Auffassung gelangt ist, daß dies geändert werden sollte.

Die neue Konzeption soll nun so aussehen, daß der Rechnungsprüfer mit Hilfe einer Parametrisierung auswählen kann, ob er bei der sequentiellen Abarbeitung der Tabelle der Abweichungen

* nur die noch nicht bearbeiteten Abweichungen
* nur die zurückgestellten Abweichungen oder
* alle Abweichungen

sehen möchte. Um dies zu erreichen, sind die folgenden Änderungen der bestehenden Leistungsbeschreibung erforderlich:

Änderungen bei der maschinellen Rechnungsprüfung:

Die Tabelle der Abweichungen, die bei der maschinellen Rechnungsprüfung entsteht, muß um ein Kennzeichen erweitert werden, um zwischen zurückgestellten und nicht zurückgestellten Abweichungen unterscheiden zu können.

Änderungen bei der manuellen Rechnungsprüfung:

1. Das Prozeßmodell für die manuelle Rechnungsprüfung muß erweitert werden, weil nun die Tabelle der Abweichungen nicht nur eingelesen, sondern auch ausgegeben (fortgeschrieben) wird.

2. Die Bildschirmmaske für die manuelle Rechnungsprüfung muß um ein Datenfeld zur Eingabe der gewünschten Option erweitert werden.

3. Die Regeln für die Ausgaben bei der manuellen Rechnungsprüfung müssen dahingehend geändert werden, daß die eingelesenen Sätze für die Abweichungen zusammen mit einem Unterscheidungskennzeichen für zurückgestellte Rechnungen ausgegeben werden, wenn keine sofortige Freigabe möglich war.

4. die Beschreibung der Ausgaben bei der manuellen Rechnungsprüfung ist den oben beschriebenen Änderungen entsprechend anzupassen.

Die sich aus dieser neuen Konzeption ergebenden Änderungen werden in den folgenden Abschnitten detailliert dargestellt.

6.1.1   Änderungen bei der maschinellen Rechnungsprüfung

6.1.1.1 Beschreibung der Ausgaben

6.1.1.1.1 Datenbeschreibung der Abweichungen (Ersetzung)

Die Datenbeschreibung der Tabelle der Abweichungen wird um das Datenfeld „DATUM-MAN" (Datum der manuellen Rechnungsprüfung) erweitert, um später bei der manuellen Rechnungsprüfung zwischen zurückgestellten und nicht zurückgestellten Abweichungen unterscheiden zu können:

Feldname	Schl	Typ/ Länge	Beschreibung
RECHNUNGS-NR	1. ES	A(10)	Interne Rechnungs-Nr des Auftraggebers, kopiert aus der eingelesenen Tabelle der neu eingegangenen Rechnungen
RECHNUNGS-POSITIONS-NR	2. ES	N(3)	Nummer der Rechnungsposition innerhalb der Rechnung eines Lieferanten. Datenbildung siehe 5.9.5 Regeln für die Ausgaben
DATUM-MAN		A(10)	Datum der manuellen Rechnungsprüfung, bleibt leer (blank)

6.1.2 Änderungen bei der manuellen Rechnungsprüfung

6.1.2.1 Prozeßmodell (Ersetzung)

Die Tabelle der Abweichungen wird nicht nur eingelesen, sondern auch ausgege-ben (fortgeschrieben), wenn die zu prüfende Rechnung aus irgendeinem Grunde zurückgestellt werden soll und deshalb nicht sofort freigegeben wird:

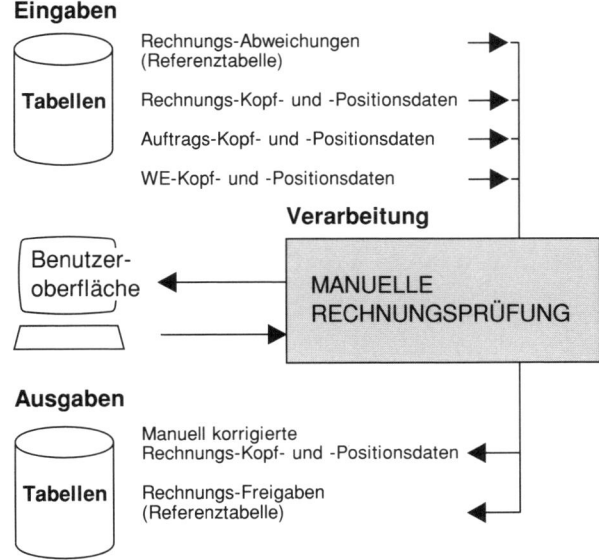

Geändertes Prozeßmodell für die manuelle Rechnungsprüfung

6.1.2.2 Bildschirm-Dialog

6.1.2.2.1 Allgemeine Beschreibung (Ersetzung)

Bei der manuellen Rechnungsprüfung ist nun eine **Parametrisierung** möglich:

Gegenstand:	Vereinbarung:
Erforderlicher Berechtigungsschlüssel zur Durchführung des Prozesses	70
Ident-Nr der Bildschirmmaske	B-MR
Bildschirmmodus	Text
Vorschriften und Standards	keine
Unterstützung anderer Landessprachen	nein
Parametrisierung	wenn Option „Neu/zurückgest/alle" = „N": nur die neuen Sätze aus der Tabelle der Abweichungen anzeigen „Z": nur die zurückgestellten Sätze aus der Tabelle der Abweichungen anzeigen „A": alle Sätze aus der Tabelle der Abweichungen anzeigen

6.1.2.2.2 Bildschirmmaske (Ersetzung)

Die Bildschirmmaske für die manuelle Rechnungsprüfung wird um ein Datenfeld zur Eingabe der gewünschten Option erweitert (Neu/zurückgestellt/alle):

```
                    MANUELLE RECHNUNGSPRÜFUNG

    Lieferant:        ######################################

    Rechnungs-Nr d. Lieferanten: ###########   Datum: ##.##.####
    Auftrags-Nr:          ###########          Datum: ##.##.####
    WE-Nr:                ###########          Datum: ##.##.####
    #######################################    (Fehlertext)
    Rechnungs-Nr:   ########
    Freigabe (J/N):   #
                                                          Gesamt-
    Pos-Nr  Artikel-Nr: Menge: Bezeichnung:    Einzelpreis: Preis:

      ###   ########   ######  ##############   ########   ########
      ###   ########   ######  ##############   ########   ########
      ###   ########   ######  ##############   ########   ########
      ###   ########   ######  ##############   ########   ########
      ###   ########   ######  ##############   ########   ########

    Nächste Rechnungs-Nr:  ########   Neu / zurückgest / alle (N/Z/A): #

    PF1 = Auftragsdaten    PF2 = WE-Daten      PF7 = zurück   PF8 = vor
    PF3 = Exit             Eingabe = Ende
```

Geänderte Bildschirmmaske für die manuelle Rechnungsprüfung

6.1.2.2.3 Datenbeschreibung für die Bildschirmmaske (Erweiterung)

Feldname	Typ/ Länge	B A	B V	Beschreibung
Kopfdaten:				
Neu/ zurückgest/ alle	C		70	Option für die Parametrisierung („N", „Z" oder „A"), wird bei der ersten Ausgabe standardmäßig mit einem „A" gefüllt und kann vom Rechnungsprüfer am Bildschirm überschrieben werden

6.1.2.3 Regeln für die Bildung von Fehlermeldungen (Ersetzung)

Fragen:	Antworten:				
Wurde ein alphanumerischer Wert in ein Datenfeld eingegeben, das einem numerischen Wert vorbehalten ist?	J	N			
Wurde für die Freigabe anstelle eines „J" ein anderes Zeichen eingegeben?		J	N		
Enthält die Option „Neu / zurückgest / alle" ein anderes Zeichen als „N", „Z" oder „A"?			J	N	
Wurde zum Zweck einer Korrektur eine Rechnungsnummer eingegeben, für die noch keine entsprechenden Rechnungsdaten existieren?				J	N
Aktionen:	**Reihenfolge:**				
Fehlermeldung: „Bitte nur einen numerischen Wert eingeben"	1.				
Fehlermeldung: „Bitte nur J eingeben oder leer lassen"		1.			
Fehlermeldung: „Bitte nur N, Z oder A eingeben"			1.		
Fehlermeldung: „Für diese Rechnungs-Nr existieren noch keine Daten"				1.	
Eingaben korrigieren	2.	2.	2.	2.	
Keine Fehlermeldung					1.

6.1.2.4 Regeln für die Ausgaben (Ersetzung)

Fragen:	Antworten:	
Wurde die Rechnung freigegeben? (Freigabe-Ja/Nein = „J", siehe Angaben zur Benutzeroberfläche)	J	N
Aktionen:	**Reihenfolge:**	
Den entsprechenden (evtl. korrigierten) Satz in der Tabelle der Rechnungs-Kopfdaten fortschreiben und auf Spiegelplatte schreiben	1.	
Den entsprechenden (evtl. korrigierten) Satz in der Tabelle der Rechnungs-Positionsdaten fortschreiben und auf Spiegelplatte schreiben	2.	
Einen neuen Satz in die Tabelle der freigegebenen Rechnungen (Freigaben) zur Überweisung und Buchung stellen und auf Spiegelplatte schreiben	3.	
Die entsprechenden Sätze in der Tabelle der Abweichungen und auf der Spiegelplatte löschen	4.	
Die entsprechenden Sätze in der Tabelle der Abweichungen mit dem Datum der manuellen Rechnungsprüfung fortschreiben und auf die Spiegelplatte schreiben, sonst keine weiteren Datei-Ausgaben		1.

6.1.2.5 Beschreibung der Ausgaben (Erweiterung)

6.1.2.5.1 Datenbeschreibung der Abweichungen

Bei jeder Ausgabe eines Satzes in der Tabelle der Abweichungen wird das Datum der manuellen Rechnungsprüfung vom Systemdatum kopiert:

Feldname	Schl	Typ/ Länge	Beschreibung
RECHNUNGS-NR	1. ES	A(10)	Interne Rechnungs-Nr des Auftragge-bers, kopiert aus der eingelesenen Tabelle der Abweichungen
RECHNUNGS-POSITIONS-NR	2. ES	N(3)	Nummer der Rechnungsposition inner-halb der Rechnung eines Lieferanten, kopiert aus der eingelesenen Tabelle der Abweichungen
DATUM-MAN		A(10)	Datum der manuellen Rechnungsprü-fung, System(Maschinen)-Datum

6.1.3   Die Änderungstabellen

6.1.3.1 Streichungen

Durch die vorgesehene Änderungsvereinbarung entfallen keine abnahmerelevan-ten Komponenten.

6.1.3.2 Ersetzungen

Bisher gültige Leistungsbeschreibung		wird ersetzt durch	
5.9.6.2.2	Datenbeschreibung für die Tabelle der Abweichungen bei der maschinellen Rechnungsprüfung	6.1.1.1.1	Datenbeschreibung der Abweichungen (Ersetzung)
5.10.3	Prozeßmodell der manuellen Rechnungsprüfung	6.1.2.1	Prozeßmodell (Ersetzung)
5.10.5.1	Allgemeine Beschreibung des Bildschirm-Dialogs für die manuelle Rechnungsprüfung	6.1.2.2.1	Allgemeine Beschreibung (Ersetzung)
5.10.5.2	Bildschirmmaske für die manuelle Rechnungsprüfung	6.1.2.2.2	Bildschirmmaske (Ersetzung)
5.10.6	Regeln für die Bildung von Fehlermeldungen bei der manuellen Rechnungsprüfung	6.1.2.3	Regeln für die Bildung von Fehlermeldungen (Ersetzung)
5.10.7	Regeln für die Ausgaben bei der manuellen Rechnungsprüfung	6.1.2.4	Regeln für die Ausgaben (Ersetzung)

6.1.3.3 Erweiterungen

Bisher gültige Leistungsbeschreibung		wird erweitert um	
5.10.5.3	Datenbeschreibung für die Bildschirmmaske bei der manuellen Rechnungsprüfung	6.1.2.2.3	Datenbeschreibung für die Bildschirmmaske (Erweiterung)
5.10.8	Beschreibung der Ausgaben bei der manuellen Rechnungsprüfung	6.1.2.5	Beschreibung der Ausgaben (Erweiterung)

6.2   Das Verfahren

BVB gilt für Verträge mit öffentlichen Auftraggebern. Aber diese Bedingungen erscheinen so fair und ausgewogen, daß man nur empfehlen kann, sie im beiderseitigen Interesse zumindest sinngemäß auch bei Verträgen mit Partnern anzuwenden, die keine öffentlichen Auftraggeber sind.

In Anlehnung an BVB-Erstellung, § 5 Änderung der Leistungen, besteht das Verfahren zur Erlangung einer Änderungsvereinbarung aus den folgenden Schritten:

1. Die Änderungswünsche sind dem Projektleiter des Vertragspartners in Form eines schriftlichen Änderungsantrags zu übergeben. Der Vertragspartner prüft innerhalb einer zu vereinbarenden Frist (z.B. 21 Kalendertage nach BVB), ob und zu welchen Bedingungen er mit der Durchführung der Änderung einverstanden ist. Das Ergebnis dieser Prüfung wird dem Antragsteller möglichst schriftlich und gegebenenfalls begründet mitgeteilt.

2. Wurde der Änderungswunsch vom Auftraggeber vorgebracht und erfordert die Ausarbeitung des Nachtragsangebots einen nicht zu vernachlässigenden Aufwand, sollte der Auftragnehmer dafür eine zusätzliche Vergütung verlangen können.

3. Im Falle des Einverständnisses wird vom Auftragnehmer – wiederum innerhalb einer zu vereinbarenden Frist (21 Kalendertage nach BVB) – ein schriftliches Nachtragsangebot vorgelegt, das den Zeit- und Kostenaufwand sowie die eventuellen Auswirkungen auf vereinbarte Termine enthält.

4. Ist der Auftraggeber bereit, das Nachtragsangebot anzunehmen, wird der Auftragnehmer eine schriftliche Änderungsvereinbarung als Nachtrag zu dem bestehenden Projektvertrag ausarbeiten und dem Auftraggeber zur Unterschrift vorlegen.

5. Solange die Änderungsvereinbarung noch nicht von beiden Vertragspartnern unterschrieben ist, setzt der Auftragnehmer die Arbeiten entsprechend der bestehenden Leistungsbeschreibung fort. Der Auftraggeber kann jedoch verlangen, daß die von der Leistungsänderung betroffenen Arbeiten unterbrochen werden.

6.3 Form und Inhalt einer Änderungsvereinbarung

Neben den üblichen Präliminarien wie die Bezeichnung des Auftraggebers, des Auftragnehmers, des Projekts und Vertrags, der Nummer und dem Abschlußdatum des Vertrags sollte eine Änderungsvereinbarung folgende Angaben enthalten:

1. die fortlaufende Nummer der Änderungsvereinbarung
2. die Änderungen des Leistungsumfangs

> hier werden die Änderungstabellen eingefügt
> (Beispiel siehe 6.1.3 Die Änderungstabellen)

3. den Preis für die Änderungen des Leistungsumfangs
4. ggf. den neuen Zahlungsplan
5. den neuen Projektzeitplan
6. das Datum der Änderungsvereinbarung
7. die Unterschriften der beiden Vertragspartner

7   Die Abnahme

Wenn alle Programme erstellt sind, der Systemtest und auch die Herbeiführung der Funktionsfähigkeit erfolgreich war, steht die Abnahme bevor. Die Abnahme eines Werkes ist das gemeinsame Ziel der Geschäftspartner. Der Auftraggeber möchte das fertige Werk nun endlich produktiv nutzen und der Auftragnehmer hofft auf die möglichst umgehende Befolgung des §641 BGB, die da lautet: *„Die Vergütung ist bei der Abnahme des Werkes zu entrichten ...".*

Im üblichen etwas lockeren Sprachgebrauch werden mit dem einfachen Wort „Abnahme" jedoch zwei völlig unterschiedliche Vorgänge bezeichnet: die Abnahmeprüfungen und die Abnahmeerklärung.

Beginnen wir mit der **Abnahmeerklärung**. Diese ist eine schriftliche Erklärung des Auftraggebers, mit der er anerkennt, daß das Werk des Auftragnehmers der zu diesem Zeitpunkt gültigen Leistungsbeschreibung entspricht. Und diese besteht – wir wissen es bereits – aus der Leistungsbeschreibung bei Vertragsabschluß, erweitert oder eingeschränkt um die von beiden Vertragspartnern unterschriebenen Änderungsvereinbarungen.

Mit den **Abnahmeprüfungen** ist es nicht ganz so einfach. Das BGB sagt dazu gar nichts und selbst die sonst recht genauen Besonderen Vertrags-Bedingungen (BVB) beschränken sich in bemerkenswert lapidarer Kürze in BVB-Erstellung, § 11 Abnahme, auf die Feststellung: *„Art, Umfang und Dauer der Funktionsprüfung werden im Erstellungsschein festgelegt ...".*

Dort steht aber auch nicht viel mehr. Im Erstellungsschein Nr. 10 (ES 10) findet man lediglich:

11.   Abnahme (§ 11)

11.1   Art, Umfang und Dauer der Funktionsprüfung der Programme bzw. in sich abgeschlossener Teile der Programme
(§ 11 Nr. 1 Abs. 2 und 3)

Leistungs-gegenstand	Dauer in Kalender-tagen	Art und Umfang	Festlegung von Testfällen und geforderten Testergebnissen	Bereitschaft beim Auftrag-nehmer

11.2   Frist gemäß § 11 Nr. 6 Abs. 1 Satz 1

Vereinbarung einer gegenüber § 11 Nr. 6 Abs. 1 Satz 1 kürzeren oder
längeren Frist als 30 Kalendertage

❑   nein   ❑   ja, die Frist beträgt   _____   Kalendertage

Das ist alles. Den Vertragspartnern bleibt es also weitestgehend überlassen, wie sie
das Problem der Abnahmeprüfungen (nach BVB: Funktionsprüfungen) in beiderseitigem Einvernehmen lösen.

Wichtig ist vor allem: in beiderseitigem Einvernehmen. Dazu bedarf es zunächst
einmal einer „Abnahmeprüfungs-Vereinbarung" (nach BVB: Funktionsprüfungs-
vereinbarung).

7.1   Die Abnahmeprüfungs-Vereinbarung

Die Abnahmeprüfungs-Vereinbarung sollte einvernehmlich und rechtzeitig vor
Beginn der Prüfungen ausgearbeitet werden. „Rechtzeitig" ist sicherlich abhängig
vom Umfang des Projekts und vom Umfang der zu erwartenden Prüfungen. Als
Faustregel können Sie dafür eine Frist von 3 bis 8 Wochen ansetzen.

7.1.1   Form der Abnahmeprüfung

Im allgemeinen führt der Auftraggeber die Abnahmeprüfungen in eigener Verant-
wortung durch. Wenn ihn der Auftragnehmer dabei unterstützen soll, kann dies als
Dienstleistung gesondert vereinbart werden.

Möglicherweise will der Auftraggeber die Abnahmeprüfungen aber gar nicht
selbst durchführen und ist damit einverstanden, daß ihm der Auftragnehmer lediglich die vertragsgemäße Funktionsfähigkeit der von ihm erstellten Programme
„zeigt" (demonstriert). Diese Form der Abnahmeprüfung findet man häufig bei
kleineren und unkritischen Projekten, wenn vorauszusehen ist, daß die Demonstra-
tion nach einem oder zwei Tagen beendet sein wird.

Dienstleistungen werden nicht abgenommen.

Da es mitunter vorkommt, daß der Auftraggeber weder die Abnahme erklärt noch
ihre Ablehnung unter Hinweis auf erhebliche Fehler begründet, empfiehlt sich eine

vertragliche Vereinbarung, daß die Abnahme nach Ablauf einer bestimmten Frist (z.B. 4 Wochen) als erklärt gilt.

7.1.2 Zeiten und Termine während der Abnahmeprüfung

Zu einer Abnahmeprüfungs-Vereinbarung gehört die Festlegung der Zeiten und Termine für die verschiedenen Aktivitäten des Auftraggebers und des Auftragnehmers während der Abnahmeprüfungen, damit man sich nicht gegenseitig ins Gehege kommt.

1. Die Testzeiten des Auftraggebers haben oberste Priorität, weil schließlich beide Seiten daran interessiert sein müssen, daß die Abnahmeprüfungen vorankommen.

2. Wenn vereinbart wurde, daß der Auftragnehmer den Auftraggeber bei der Durchführung unterstützt, muß festgelegt werden, in welchem Umfang diese Dienstleistung zu erbringen ist, das heißt, wie viele Stunden oder Tage vereinbart sind. Werden Tage vereinbart, ist es auch notwendig, die Stunden zu nennen, die ein Arbeitstag haben soll, denn es wird sich dabei ja kaum um die Maximalzahl von 24 Stunden handeln.

3. Unabhängig von einer vereinbarten Mitwirkung kann auch vereinbart werden, daß sich der Auftragnehmer innerhalb bestimmter Tageszeiten für irgendwelche Rückfragen oder Notfälle bereithält. Wenn es dem Auftraggeber etwa einfallen sollte, einmal nachts zwischen 2 und 4 Uhr zu testen, dann kann er nicht ohne weiteres davon ausgehen, daß ihm in dieser Zeit ein Ansprechpartner beim Auftragnehmer zur Verfügung steht. In diesem Zusammenhang sind natürlich auch die Namen und Rufnummern der Ansprechpartner zu nennen.

4. Da Fehler auftreten können, die nicht so schwerwiegend sind, daß die ganze Abnahmeprüfung abgebrochen werden muß, sollte dem Auftragnehmer Gelegenheit gegeben werden, diese Fehler zu diagnostizieren und – wenn möglich – noch während der Abnahmeprüfungen zu beheben. Dazu bedarf es entsprechender Zeiten, sowohl für die Diagnose und die Korrektur als auch für einen Test, damit festgestellt werden kann, ob die Korrektur erfolgreich war. Manchmal wird in der Hektik des Geschehens ja auch etwas „verschlimmbessert", oder es entstehen Folgefehler an anderer Stelle – hoffentlich nicht an solchen, deren Prüfung bereits abgeschlossen zu sein schien.

5. Zuletzt sollte man sich noch über die Besprechungstermine einigen, bei denen die Ergebnisse der einzelnen Tests diskutiert und gemeinsam weitere Maßnahmen beschlossen werden können.

Manche Auftragnehmer dringen darauf, daß die Zeitdauer der Abnahmeprüfungen limitiert wird, das heißt, daß bestimmte Fristen und Termine für die einzelnen Prüfungen in der Abnahmeprüfungs-Vereinbarung festgeschrieben werden. Auch BVB sieht das so vor (siehe BVB-Erstellungsschein-Nr. 10, 11.1 und 11.2: Dauer in Kalendertagen). Dahinter steht der an sich richtige Gedanke, daß sich die Abnahmeprüfungen nicht endlos hinziehen sollen und womöglich immer neue Testfälle erfunden werden. Die daraus entstehenden „ewigen" Abnahmen hat es leider gegeben und deshalb muß man ihnen vorbeugen. Im beiderseitigen wohlverstandenen Interesse.

Ich schlage Ihnen hier einen etwas anderen Weg vor, um die „ewige" Abnahme zu vermeiden: Mit einer gut strukturierten Leistungsbeschreibung und mit dem gewissenhaften Gebrauch von Entscheidungstabellen kann die zu vereinbarende Anzahl der Testfälle limitiert werden. Wenn man dann noch die Zeitspanne zwischen den einzelnen Prüfungen einvernehmlich begrenzt, das heißt die Fristen, in denen der Testbetrieb ruht, weil die Tester mit anderen Aufgaben beschäftigt sind, dann sollten eigentlich alle Beteiligten zufrieden sein können.

Wie die notwendige Anzahl der Testfälle eingeschränkt werden kann, das wollen wir uns in den nächsten Abschnitten näher ansehen.

7.1.3 Der Umfang der Abnahmeprüfungen

Einer Abnahmeprüfung unterliegen nur:

- die Vorgaben aus den Allgemeinen Beschreibungen
- die Arbeitsabläufe
- die Struktur der Bildschirm-Dialoge
- die Bildschirm-Dialoge
- die Einhaltung der Regeln
- die Ausgaben der Programme
- das Antwortzeitverhalten (falls vereinbart)
- die Dokumentation
- der Lieferumfang (ohne Dienstleistungen)

Einer Abnahmeprüfung unterliegen **nicht** die Voraussetzungen und Randbedingungen wie die

- verwendeten Begriffe und Abkürzungen
- Technische Umgebung – das Zielsystem
- Daten aus anderen Systemen
- Dienstleistungen

Der jeweils nächste Test sollte immer erst dann in Angriff genommen werden, wenn der vorhergehende erfolgreich abgeschlossen werden konnte oder wenn wenigstens die Datenschnittstellen zum nächsten Prozeß den Vorgaben entsprechen.

7.1.4   Testfälle

Damit wir uns richtig verstehen: Der Auftraggeber kann selbstverständlich sein neues Anwendungssystem so viel und so ausgiebig testen, wie er will und er kann Testfälle erzeugen und verwerfen, wie immer er mag. Entscheidend für die Abnahmeerklärung sind jedoch nur die Testfälle, die sich aus der Leistungsbeschreibung und aus den Änderungsvereinbarungen ergeben.

Natürlich wird ein Auftragnehmer, der Wert auf ein gutes Verhältnis zu seinem Auftraggeber legt und sich vielleicht auch noch einen Anschlußauftrag erhofft, bemüht sein, den Wünschen des Auftraggebers soweit wie nur irgend möglich entgegenzukommen. Aber – glauben Sie mir – gerade daraus sind viele Projekte entstanden, die nicht mehr enden wollten oder enden konnten. Und das hat immer zu einer Unzufriedenheit auf beiden Seiten geführt, wenn nicht zu Schlimmerem.

Deshalb noch einmal, auch wenn ich mich wiederhole: Nehmen Sie sich die Zeit für eine ordentliche Leistungsbeschreibung und verwechseln Sie sie bitte nicht mit einer Werbebroschüre im Hochglanzformat!

Mit den Testfällen kommt die große Stunde der Entscheidungstabellen. Sie erinnern sich: Anzahl der Ausgänge = 1 + Anzahl der Fragen. Wenn die Bedingungen so ausgewählt werden, daß jeder Ausgang mindestens einmal durchlaufen wird, dann sind keine weiteren Testfälle erforderlich, denn man bekäme lediglich bestätigt, was man ohnehin schon weiß. Womit wir schon bei der Begrenzung der Testfälle sind, denn die Anzahl der erforderlichen Testfälle kann auch nicht größer als 1 + Anzahl der Fragen sein.

Beispiel für die Bildung von Testfällen aus einer Entscheidungstabelle:

Entscheidungstabelle:

Bedingungen:	Testfälle:						
	1.	2.	3.	4.	5.	6.	7.
Ist (noch) eine Rechnungsposition vorhanden?	N	J	J	J	J	J	J
Gibt es zu dieser Rechnungsposition die entsprechenden Positionen eines Einkaufs-Auftrags und eines Wareneingangs?		N	J	J	J	J	J
Stimmt die Artikel-Nr in der Rechnungsposition mit den Artikelnummern des Auftrags und des Wareneingangs überein?			N	J	J	J	J
Stimmt die berechnete Menge in der Rechnungsposition mit der bestellten und der eingegangenen Menge überein?				N	J	J	J
Stimmt der Einzelpreis in der Rechnungsposition mit dem Einzelpreis in der Auftragsposition überein?					N	J	J
Ist der Gesamtpreis in jeder Rechnungsposition = Menge x Einzelpreis?						N	J

Um jeden Ausgang dieser Tabelle mindestens einmal zu durchlaufen, müssen die Testdateien der Rechnungen, Einkaufs-Bestellungen (Aufträge) und Wareneingänge Sätze enthalten, mit denen die Bedingungen für jeden der 7 Testfälle erfüllt werden können. Für den 5. Testfall müssen also die folgenden Bedingungen erfüllt sein.

Ist (noch) eine Rechnungsposition vorhanden?	Ja
Gibt es zu dieser Rechnungsposition die entsprechenden Positionen eines Einkaufs-Auftrags und eines Wareneingangs?	Ja
Stimmt die Artikel-Nr in der Rechnungsposition mit den Artikelnummern des Auftrags und des Wareneingangs überein?	Ja
Stimmt die berechnete Menge in der Rechnungsposition mit der bestellten und der eingegangenen Menge überein?	Ja
Stimmt der Einzelpreis in der Rechnungsposition mit dem Einzelpreis in der Auftragsposition überein?	Nein

Nun könnten wir die Beispiele für Testfälle sehr wohl anhand der allgemeinen Struktur einer Leistungsbeschreibung entwickeln. Ich halte es aber für zweckmäßiger, dies hier mit Hilfe des Beispiels für eine Leistungsbeschreibung aus Kapitel 5 zu tun. Da haben wir etwas zum Anfassen.

Testfälle für Logon und Auswahlmenü

Testfall:	Einzuhaltende Vorgaben siehe:
Allgemeine Beschreibung	5.7.1

Bildschirm-Dialog

Testfälle:	Einzuhaltende Vorgaben siehe:
Allgemeine Beschreibung	5.7.5.1
Bildschirmmaske	5.7.5.2
Datenbeschreibung	5.7.5.3

Einzelheiten zum Arbeitsablauf (siehe 5.7.5.4)	Einzuhaltende Vorgaben:
Einstieg in den Prozeß	Aufruf der Anwendung
Anzeige von Datenfeldern nach dem Einstieg	keine, alle variablen Datenfelder sind leer
Weiterblättern	nicht erforderlich
Durchführung wichtiger Aktionen	Eingabe der Benutzeridentifikation, des Paßworts und der Option für die Verzweigung zu einem anderen Prozeß
Abschließen der Bearbeitung eines Vorgangs	mit der Eingabe(Enter)-Taste
Nachträgliche Korrektur eines abgeschlossenen Vorgangs	durch Neueingabe der Benutzer-identifikation, des Paßworts und der Option nach einer Fehlermeldung

Verzweigung zu anderen Prozessen (siehe 5.7.5.5)		Einzuhaltende Vorgaben:
	Option 1 Option 2 PF 3	Erfassung der Rechnungen Manuelle Rechnungsprüfung Rücksprung zum Auswahlmenü

Regeln für die Bildung von Fehlermeldungen

Siehe 5.7.6 (Entscheidungstabelle):

Bedingungen:	Testfälle:					
	1.	**2.**	**3.**	**4.**	**5.**	**6.**
Wurde eine Benutzeridentifikation eingegeben?	N	J	J	J	J	J
Ist die Benutzeridentifikation korrekt?		N	J	J	J	J
Ist das Paßwort gültig?			N	J	J	J
Wurde als Option „1" oder „2" eingegeben?				N	J	J
Ist der Benutzer für den ausgewählten Prozeß berechtigt?					N	J
Einzuhaltende Vorgaben:						
Den Prozeß beenden	1.					
Fehlermeldung: „Benutzeridentifikation nicht bekannt"		1.				
Fehlermeldung: „Ungültiges Paßwort"			1.			
Fehlermeldung: „Ungültige Option"				1.		
Fehlermeldung: „Der Benutzer ist für den ausgewählten Prozeß nicht berechtigt"					1.	
Neue Eingaben		2.	2.	2.	2.	
Zum ausgewählten Prozeß verzweigen						1.

Testfälle für die Erfassung der Rechnungen

Testfall:	Einzuhaltende Vorgaben siehe:
Allgemeine Beschreibung	5.8.1

Bildschirm-Dialog

Testfälle:	Einzuhaltende Vorgaben siehe:
Allgemeine Beschreibung	5.8.6.1
Bildschirmmaske	5.8.6.2
Datenbeschreibung	5.8.6.3

Einzelheiten zum Arbeitsablauf (siehe 5.8.6.4)	Einzuhaltende Vorgaben:
Einstieg in den Prozeß	Über ein Auswahlmenü
Anzeige von Datenfeldern nach dem Einstieg	1. Die interne Rechnungs-Nr des Auftraggebers wird als nächste freie Rechnungs-Nr maschinell generiert und in das Datenfeld „Rechnungs-Nr" auf dem Bildschirm kopiert. 2. Danach werden leere Zeilen für die übrigen Kopf- und Positionsdaten der Rechnung am Bildschirm angezeigt, um die Daten der neu eingegangenen Rechnung eingeben zu können.
Weiterblättern	Mit PF7 und PF8 kann in den Zeilen für die Rechnungspositionen geblättert werden. Falls die Leerzeilen für die Rechnungspositionen nicht ausreichen, werden mit PF8 zusätzliche Leerzeilen angezeigt.
Durchführung wichtiger Aktionen	Keine Vereinbarung

Einzelheiten zum Arbeitsablauf (siehe 5.8.6.4)	Einzuhaltende Vorgaben:
Abschließen der Bearbeitung eines Vorgangs	Mit der Eingabe(Enter)-Taste
Nachträgliche Korrektur eines abgeschlossenen Vorgangs	Durch Eingabe der betreffenden Rechnungs-Nr in ein besonderes Feld werden die Daten der zu korrigierenden Rechnung angezeigt

Verzweigung zu anderen Prozessen: (siehe 5.8.6.5)		Einzuhaltende Vorgaben:
	PF 3	Rücksprung zum Auswahlmenü

Regeln für die Bildung von Fehlermeldungen

Siehe 5.8.7 (Entscheidungstabelle):

Bedingungen:	Testfälle:		
	1.	2.	3.
Wurde ein alphanumerischer Wert in ein Datenfeld eingegeben, das einem numerischen Wert vorbehalten ist?	J	N	N
Wurde zum Zweck einer Korrektur eine Rechnungsnummer eingegeben, für die noch keine entsprechenden Rechnungsdaten existieren?		J	N
Einzuhaltende Vorgaben:			
Fehlermeldung: „Bitte nur einen numerischen Wert eingeben"	1.		
Fehlermeldung: „Für diese Rechnungs-Nr existieren noch keine Daten"		1.	
Eingaben korrigieren	2.	2.	
Keine Fehlermeldung			1.

Regeln für die Ausgaben

Siehe 5.8.8 (Entscheidungstabelle):

Bedingungen:	Testfälle:	
	1.	**2.**
Fehlermeldung nach der Dateneingabe? (siehe 5.8.7 Regeln für die Bildung von Fehlermeldungen)	N	J
Einzuhaltende Vorgaben:		
Neuen Satz in die Tabelle der Rechnungs-Kopfdaten stellen und auf Spiegelplatte schreiben	1.	
Neue Sätze in die Tabelle der Rechnungs-Positionsdaten stellen und auf Spiegelplatte schreiben	2.	
Neuen Satz in die Referenztabelle der neu eingegangenen Rechnungen stellen und auf Spiegelplatte schreiben	3.	
Keine Datei-Ausgaben, Korrektur der Fehler		1.

Beschreibung der Ausgaben

Testfälle:	Einzuhaltende Vorgaben siehe:
Rechnungs-Kopfdaten	
Allgemeine Beschreibung Datenbeschreibung	5.8.9.1.1 5.8.9.1.2
Rechnungs-Positionsdaten	
Allgemeine Beschreibung Datenbeschreibung	5.8.9.2.1 5.8.9.2.2
Neu eingegangene Rechnungen	
Allgemeine Beschreibung Datenbeschreibung	5.8.9.3.1 5.8.9.3.2

Testfälle für die maschinelle Rechnungsprüfung

Testfall:	Einzuhaltende Vorgaben siehe:
Allgemeine Beschreibung	5.9.1

Regeln für die Ausgaben

Siehe 5.9.5 (Entscheidungstabellen):

Tabelle: A							
Bedingungen:	**Testfälle:**						
	1.	**2.**	**3.**	**4.**	**5.**	**6.**	**7.**
Ist (noch) eine Rechnungsposition vorhanden?	N	J	J	J	J	J	J
Gibt es zu dieser Rechnungsposition die entsprechenden Positionen eines Einkaufs-Auftrags und eines Wareneingangs?		N	J	J	J	J	J
Stimmt die Artikel-Nr in der Rechnungs-position mit den Artikelnummern des Auftrags und des Wareneingangs überein?			N	J	J	J	J
Stimmt die berechnete Menge in der Rech-nungsposition mit der bestellten und der eingegangenen Menge überein?				N	J	J	J
Stimmt der Einzelpreis in der Rechnungs-position mit dem Einzelpreis in der Auf-trags-Position überein?					N	J	J
Ist der Gesamtpreis in jeder Rechnungs-position = Menge x Einzelpreis?						N	J

Tabelle: A							
Einzuhaltende Vorgaben:	**Testfälle:**						
	1.	**2.**	**3.**	**4.**	**5.**	**6.**	**7.**
Positions-Nr der Abweichungen = Positions-Nr der Rechnung		1.	1.	1.	1.	1.	
Einen neuen Satz in die Tabelle der Abweichungen und auf die Spiegelplatte schreiben		2.	2.	2.	2.	2.	
Nächste Rechnungsposition lesen		3.	3.	3.	3.	3.	1.
Fortsetzung mit Tabelle:	B	A	A	A	A	A	A

Tabelle: B		
Bedingungen:	**Testfälle:**	
	1.	**2.**
Sind Sätze in die Tabelle der Abweichungen geschrieben worden?	N	J
Einzuhaltende Vorgaben:		
Freigegeben-von in der Tabelle der Rechnungs-Kopfdaten = „SYSTEM"	1.	
Den Satz in der Tabelle der Rechnungs-Kopfdaten fortschreiben und auf Spiegelplatte schreiben	2.	1.
Neuen Satz in die Tabelle der Freigaben (freigegebene Rechnungen) zur Überweisung und Buchung stellen und auf die Spiegelplatte schreiben	3.	
Den Satz in der Referenztabelle der neu eingegangenen Rechnungen löschen und von der Spiegelplatte löschen	4.	2.

Beschreibung der Ausgaben

Anmerkung: Bitte beachten Sie auch 6.1 Beispiel für eine Änderung des Leistungsumfangs.

Testfälle:	Einzuhaltende Vorgaben siehe:
Rechnungs-Kopfdaten	
Allgemeine Beschreibung Datenbeschreibung	5.9.6.1.1 5.9.6.1.2
Abweichungen	
Allgemeine Beschreibung Datenbeschreibung	5.9.6.2.1 5.9.6.2.2 und 6.1.1.1.1 (Änderungsvereinbarung)
Freigaben	
Allgemeine Beschreibung Datenbeschreibung	5.9.6.3.1 5.9.6.3.2

Testfälle für die manuelle Rechnungsprüfung

Testfall:	Einzuhaltende Vorgaben siehe:
Allgemeine Beschreibung	5.10.1

Bildschirm-Dialog

Testfälle:	Einzuhaltende Vorgaben siehe:
Allgemeine Beschreibung	6.1.2.2.1 (Änderungsvereinbarung)
Bildschirmmaske	6.1.2.2.2 (Änderungsvereinbarung)
Datenbeschreibung	5.10.5.3 und 6.1.2.2.3 (Änderungsvereinbarung)

Einzelheiten zum Arbeitsablauf (siehe 5.10.5.4)	Einzuhaltende Vorgaben:
Einstieg in den Prozeß	Über ein Auswahlmenü
Anzeige von Datenfeldern nach dem Einstieg	Beim Aufruf eines neuen Satzes aus der Tabelle der Abweichungen werden die Kopf- und Positions-Daten der Rechnung auf dem Bildschirm ausgegeben und diejenigen Zeilen farblich gekennzeichnet, bei denen eine Abweichung festgestellt wurde.
Weiterblättern	Mit PF7 und PF8 kann in den Zeilen für die Rechnungs-, Auftrags- bzw. WE-Positionem geblättert werden.
Durchführung wichtiger Aktionen	Die Freigabe wird durch Eingabe eines „J" am Bildschirm zum Ausdruck gebracht (um irr- tümliche Reaktionen weitgehend auszuschlie- ßen).
Abschließen der Bearbeitung eines Vorgangs	Mit der Eingabe(Enter)-Taste.
Nachträgliche Korrektur eines abgeschlossenen Vorgangs	Durch Eingabe der betreffenden Rechnungs- Nr in ein besonderes Feld werden die Daten der zu korrigierenden Rechnung angezeigt.

Hilfsfunktionen:		Einzuhaltende Vorgaben: (Bezeichnung der Einblendung)
Optionen:	PF 1	Daten der Einkaufs-Bestellung (Auf- tragsdaten) anzeigen
	PF 2	Wareneingangsdaten anzeigen
	PF 3	Rücksprung zum Auswahlmenü

Verzweigung zu anderen Prozessen		Einzuhaltende Vorgaben:
Option:	PF 3	Rücksprung zum Auswahlmenü

Regeln für die Bildung von Fehlermeldungen

Siehe 5.10.6 (Entscheidungstabelle)

Bedingungen:	Testfälle:				
	1.	**2.**	**3.**	**4.**	**5.**
Wurde ein alphanumerischer Wert in ein Datenfeld eingegeben, das einem numerischen Wert vorbehalten ist?	J	N	N	N	N
Wurde für die Freigabe anstelle eines „J" ein anderes Zeichen eingegeben?		J	N	N	N
Enthält die Option „Neu / zurückgest / alle" ein anderes Zeichen als „N", „Z" oder „A"?			J	N	N
Wurde zum Zweck einer Korrektur eine Rechnungsnummer eingegeben, für die noch keine entsprechenden Rechnungsdaten existieren?				J	N
Einzuhaltende Vorgaben:					
Fehlermeldung: „Bitte nur einen numerischen Wert eingeben"	1.				
Fehlermeldung: „Bitte nur J eingeben oder leer lassen"		1.			
Fehlermeldung: „Bitte nur N, Z oder A eingeben"			1.		
Fehlermeldung: „Für diese Rechnungs-Nr existieren noch keine Daten"				1.	
Eingaben korrigieren	2.	2.	2.	2.	
Keine Fehlermeldung					1.

Regeln für die Ausgaben

Siehe 6.1.2.4 (Entscheidungstabelle):

Bedingungen:	Testfälle:	
	1.	**2.**
Wurde die Rechnung freigegeben? (Freigabe-Ja/Nein = „J", siehe Angaben zur Benutzeroberfläche)	J	N
Einzuhaltende Vorgaben:		
Den entsprechenden (evtl. korrigierten) Satz in der Tabelle der Rechnungs-Kopfdaten fortschreiben und auf Spiegelplatte schreiben	1.	
Den entsprechenden (evtl. korrigierten) Satz in der Tabelle der Rechnungs-Positionsdaten fortschreiben und auf Spiegelplatte schreiben	2.	
Einen neuen Satz in die Tabelle der freigegebenen Rechnungen (Freigaben) zur Überweisung und Buchung stellen und auf Spiegelplatte schreiben	3.	
Die entsprechenden Sätze in der Tabelle der Abweichungen und auf der Spiegelplatte löschen	4.	
Die entsprechenden Sätze in der Tabelle der Abweichungen mit dem Datum der manuellen Rechnungsprüfung fortschreiben, sonst keine weiteren Datei-Ausgaben		1.

Beschreibung der Ausgaben

Anmerkung: Bitte beachten Sie auch 6.1 Beispiel für eine Änderung des Leistungsumfangs.

Testfälle:	Einzuhaltende Vorgaben siehe:
Rechnungs-Kopfdaten	
Allgemeine Beschreibung Datenbeschreibung	5.10.8.1.1 5.10.8.1.2
Rechnungs-Positionsdaten	
Allgemeine Beschreibung Datenbeschreibung	5.10.8.2.1 5.10.8.2.2
Freigaben	
Allgemeine Beschreibung Datenbeschreibung	5.10.8.3.1 5.10.8.3.2
Abweichungen	
Datenbeschreibung	6.1.2.5.1 (Änderungsvereinbarung)

Testfälle für die Dokumentation

Testfälle:	Einzuhaltende Vorgaben siehe:
Anwenderhandbuch	5.11.1
Systemhandbuch	5.11.2

Testfälle für den Lieferumfang

Testfälle:	Einzuhaltende Vorgaben siehe:
Zu liefernde Programme	
Bearbeitungen vorhandener Programme	5.12.2.1
Neu erstellte Programme	5.12.2.2
Umstellung vorhandener Datenbestände	5.12.3
Zu übergebende Unterlagen	5.12.4

7.1.5   Die Einstufung und Bewertung auftretender Fehler

Fehler sind Abweichungen von der vertraglich vereinbarten Leistungsbeschreibung. Es gab schon Auftragnehmer, die in ihren Vertrag den folgenden Satz eingefügt haben:

> *„Es ist nach dem heutigen Stand der Technik nicht möglich, ein fehlerfreies Programm zu schreiben."*

Ich bin mir sicher, daß sich dieser Stand der Technik in absehbarer Zeit nicht ändern wird. Im Klartext: Es werden Fehler auftreten und man muß daher möglichst schon vorher vereinbaren, wie man damit umzugehen gedenkt. Zum Beispiel so:

> *„Wurden während der Funktionsprüfung Abweichungen von den Anforderungen an die Programme festgestellt und werden die Programme dennoch abgenommen, werden die Abweichungen in der Abnahmeerklärung als Mängel festgehalten. Die Abnahme darf nicht wegen unerheblicher Abweichungen verweigert werden sowie nicht wegen Abweichungen, für die der Auftragnehmer ... von der Gewährleistung frei ist."*
>
> (BVB-Erstellung, § 11 Abnahme, 5.).

Natürlich: Abweichungen, für die der Auftragnehmer nicht verantwortlich ist, dürfen nicht zu seinen Lasten gehen. Aber was sind „unerhebliche" Abweichungen? So leid es mir tut, dazu habe ich noch nirgends eine allgemeinverbindliche Definition gefunden.

Manche sagen, ein Fehler sei unerheblich, wenn er während der Gewährleistungsdauer oder sogar noch während der Abnahmeprüfung behoben werden kann und er sei erheblich, wenn er eine wirtschaftlich sinnvolle Nutzung des Werks unmöglich macht oder unzumutbar einschränkt. Aber das sind individuelle Auffassungen, ganz abgesehen davon, daß man nun wieder darüber streiten kann, welcher Fehler eine wirtschaftlich sinnvolle Nutzung des Werks unmöglich macht oder unzumutbar einschränkt. Und was soll geschehen, wenn das Werk zwar der vertragsgemäßen Leistungsbeschreibung entspricht, aber die „wirtschaftlich sinnvolle Nutzung" des Werks dennoch unmöglich oder unzumutbar einschränkt ist? Auch das hat es schon gegeben. Die Antwort dürfte jedoch klar sein: dann gilt §640 BGB und das Werk muß abgenommen werden. Man sollte eben auf die Leistungsbeschreibung achten!

In diesem Zusammenhang kam mir vor Jahren eine Geschichte zu Ohren, bei der es um die Abnahme eines firmeninternen Projekts ging. Der abnehmende Prüfer kam und malte auf ein Flip-Chart zehn schwarze Bomben. Und nach jedem Systemabsturz ließ er eine Bombe auf dem Chart platzen. Nachdem die zehnte Bombe hochgegangen war, packte er seine Koffer und flog mit der nächsten Maschine nach Hause, denn Systemabstürze gehören ohne Zweifel zu den erheblichen Fehlern.

Ich möchte Ihnen daher vorschlagen, daß Sie sich vor dem Beginn der Abnahmeprüfungen Ihre sauber strukturierte Leistungsbeschreibungen zur Hand nehmen und zusammen mit Ihrem Geschäftspartner einvernehmlich festlegen, welches Leistungsmerkmal – wenn nicht erfüllt – mit erheblichem Fehler behaftet zu betrachten ist.

7.1.6 Dokumentation der Testergebnisse und der Entscheidungen

Die Ergebnisse der Prüfungen sollten in jedem Fall schriftlich dokumentiert werden. Das allein wird aber nicht immer ausreichen. Insbesondere dann, wenn eine Bedingung nicht erfüllt ist, sollte der Auftraggeber das falsche Ergebnis sehr genau beschreiben, damit es der Auftragnehmer leichter hat, die Ursache des Fehlers zu diagnostizieren, denn:

> *„Der Auftraggeber ist verpflichtet, dem Auftragnehmer während der Funktionsprüfung auftretende Abweichungen von den Anforderungen an die Programme unverzüglich schriftlich mitzuteilen; ..."*
> (BVB-Erstellung, § 11 Abnahme, 4.)

Das geschieht am besten in Form einer **Fehlerliste** mit folgendem Inhalt:

- Fortlaufende Nummer des Fehlers
- Beschreibung des aufgetretenen Fehlers
- Zuordnung zu einer der Fehlerkategorien
- Behebung geplant bis (Datum)
- Weitere Entscheidungen

Die geplante Behebung von Fehlern und weitere Entscheidungen sind Themen gemeinsamer Besprechungen (siehe 7.1.2 Zeiten und Termine während der Abnahmeprüfung, 5.).

7.1.7   Zuständigkeiten

Es wäre äußerst umständlich und zeitraubend, wenn bei auftretenden Fragen und Unklarheiten während der Abnahmeprüfungen jedesmal von neuem nach den zuständigen Mitarbeitern gesucht werden müßte, die kraft ihres Amtes und ihrer Fachkompetenz willens und in der Lage sind, eine diesbezügliche Entscheidung zu treffen. Also muß das ein für alle Mal vor dem Beginn der Abnahmeprüfungen geschehen und in der Abnahmeprüfungs-Vereinbarung festgelegt werden.

Folgenden Zuständigkeiten sind zu vereinbaren:

- für die Dokumentation der Testergebnisse
  (siehe 7.1.6 Dokumentation der Testergebnisse und der Entscheidungen)
- für die Einstufung und Bewertung auftretender Fehler
  (siehe 7.1.5 Die Einstufung und Bewertung auftretender Fehler)
- für die Entscheidungen über eine Modifikation einzelner Tests
  (siehe 7.1.2 Zeiten und Termine während der Abnahmeprüfung)

## 7.2	Die Voraussetzungen für die Abnahme

### 7.2.1	Die Testdaten

Testdaten werden für folgende Zwecke benötigt:

1. für die sogenannten Unit-Tests, um die Funktionsfähigkeit einzelner Einheiten zu prüfen. Einheiten sind ganze Programme oder weitgehend selbständige Teile solcher Programme.

2. für Integrationstests zur Prüfung des ordnungsgemäßen Zusammenwirkens mehrerer Einheiten.

3. für den Systemtest auf dem Zielsystem, bei dem das Zusammenwirken aller Einheiten und die vertragsgemäße Ausgabe der Ergebnisse des gesamten Anwendungssystems einschließlich der Datenschnittstellen zu anderen Systemen geprüft wird.

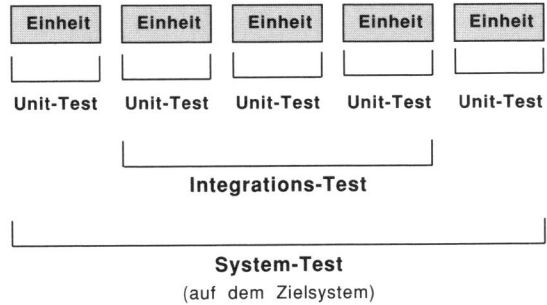

Hinsichtlich ihrer Qualität und ihres Umfangs sollen Testdaten so aufgebaut sein, daß die in der Leistungsbeschreibung enthaltenen Vorgaben auch wirklich getestet werden können. Das ist mitunter einfacher gesagt als getan, denn um dies zu bewerkstelligen, müssen vorher die Testfälle bekannt sein. Ein weiterer Grund, um die abnahmerelevanten Entscheidungstabellen, aus denen sich Testfälle bilden lassen, möglichst frühzeitig – am besten schon in der Leistungsbeschreibung – festzulegen. Spätestens bei Beginn der Programmierung sollten sie aber vorliegen, weil man sonst die einzelnen Programme und Programmbausteine (Units) nicht vernünftig testen kann.

Die Daten, mit denen die erbrachte Leistung später abgenommen werden soll, müssen immer noch dieselben sein wie jene, mit denen das System entwickelt wurde. Deshalb ist vor der Abnahme zu prüfen, ob diese Daten verfügbar sind und ob ihre Bezeichnung und Version mit den Angaben in der Leistungsbeschreibung übereinstimmen.

Testdaten sind immer Eingabedaten. Als Testdaten werden daher die Daten aus anderen Systemen und die Ausgabe-Dateien aus Prozessen des neuen Anwendungssystems benötigt, soweit sie bei anderen Prozessen dieses Systems eingelesen werden.

Wenn wir uns wieder an das Beispiel einer Leistungsbeschreibung aus Kapitel 5 halten, würde die Liste der benötigten Testdaten für die einzelnen Prozesse folgendermaßen aussehen:

Testdaten für Logon und Auswahlmenü

Bezeichnung des Datenbestands		Herkunft (Prozeß)
Benutzer und Paßwörter	5.6.1	Systemadministration (Datenschnittstelle)
Berechtigungstabelle	5.6.2	Systemadministration (Datenschnittstelle)

Benutzer und Paßwörter
Diese Testdatei muß jeweils mindestens einen Satz enthalten, bei dem die folgenden Bedingungen erfüllt werden können:

Ist die Benutzeridentifikation korrekt?	Ja
Ist das Paßwort gültig?	Ja

Die übrigen Testfälle können durch entsprechende Eingaben am Bildschirm herbeigeführt werden.

Berechtigungen
Die Testdatei muß mindestens einen Satz enthalten, bei dem die folgenden Bedingung erfüllt werden kann:

Ist der Benutzer für den ausgewählten Prozeß berechtigt?	Ja

Die übrigen Testfälle können durch entsprechende Eingaben am Bildschirm herbeigeführt werden.

Testdaten für die Erfassung der Rechnungen

Bezeichnung des Datenbestands		Herkunft (Prozeß)
Rechnung des Lieferanten	-	Lieferant (Datenschnittstelle)
Rechnungs-Kopfdaten (nur zum Zweck einer Korrektur)	5.8.9.1	5.8 Die Erfassung der Rechnungen
Rechnungs-Positionsdaten (nur zum Zweck einer Korrektur)	5.8.9.2	5.8 Die Erfassung der Rechnungen

Die erforderlichen Testfälle können durch entsprechende Eingaben am Bildschirm herbeigeführt werden. Da die Rechnungs-Kopf- und -Positionsdaten nur zum Zweck der Korrektur einer bereits erfaßten Rechnung benötigt werden, müssen diese Testdateien keine Sätze enthalten, bei denen besondere Bedingungen erfüllt sind.

Testdaten für die maschinelle Rechnungsprüfung

Bezeichnung des Datenbestands		Herkunft (Prozeß)
Auftrags-Kopfdaten	5.6.5	Einkauf (Datenschnittstelle)
Auftrags-Positionsdaten	5.6.6	Einkauf (Datenschnittstelle)
WE-Kopfdaten	5.6.7	Wareneingang (Datenschnittstelle)
WE-Positionsdaten	5.6.8	Wareneingang (Datenschnittstelle)
Rechnungs-Kopfdaten	5.8.9.1	5.8 Die Erfassung der Rechnungen
Rechnungs-Positionsdaten	5.8.9.2	5.8 Die Erfassung der Rechnungen
Neu eingegangene Rechnungen	5.8.9.3	5.8 Die Erfassung der Rechnungen

Neu eingegangenen Rechnungen
Die Testdatei ist nur eine Referenztabelle (Relationship), die bei der Rechnungs-Erfassung entsteht. Sie enthält nur eine Rechnungs-Nr als Suchbegriff und kann daher keine Sätze enthalten, bei denen besondere Bedingungen zu erfüllen wären.

Rechnungspositionen
Diese Testdatei muß jeweils mindestens einen Satz enthalten, bei dem die folgenden Bedingungen erfüllt sind (siehe die Entscheidungstabelle A unter 5.9.5 Regeln für die Ausgaben):

Bedingungen:	Testsätze:					
	1.	**2.**	**3.**	**4.**	**5.**	**6.**
Ist (noch) eine Rechnungsposition vorhanden?	N	J	J	J	J	J
Gibt es zu dieser Rechnungsposition die entsprechenden Positionen eines Einkaufs-Auftrags und eines Wareneingangs?		N	J	J	J	J
Stimmt die Artikel-Nr in der Rechnungsposition mit den Artikelnummern des Auftrags und des Wareneingangs überein?			N	J	J	J
Stimmt die berechnete Menge in der Rechnungsposition mit der bestellten und der eingegangenen Menge überein?				N	J	J
Stimmt der Einzelpreis in der Rechnungsposition mit dem Einzelpreis in der Auftrags-Position überein?					N	J	J
Ist der Gesamtpreis in jeder Rechnungsposition = Menge x Einzelpreis?						N	J

Die erforderlichen Sätze in der Testdatei der Rechnungsdaten können bei dem Prozeß der Rechnungserfassung durch entsprechende Eingaben erzeugt werden.

Testdaten für die manuelle Rechnungsprüfung

Bezeichnung des Datenbestands		Herkunft (Prozeß)
Auftrags-Kopfdaten	5.6.5	Einkauf (Datenschnittstelle)
Auftrags-Positionsdaten	5.6.6	Einkauf (Datenschnittstelle)
WE-Kopfdaten	5.6.7	Wareneingang (Datenschnittstelle)
WE-Positionsdaten	5.6.8	Wareneingang (Datenschnittstelle)
Rechnungs-Positionsdaten	5.8.9.2	5.8 Die Erfassung der Rechnungen
Rechnungs-Kopfdaten	5.9.6.1	5.9 Die maschinelle Rechnungsprüfung
Abweichungen	5.9.6.2	5.9 Die maschinelle Rechnungsprüfung

Die erforderlichen Testfälle (siehe 5.10.6 Regeln für die Bildung von Fehlermeldungen) können durch entsprechende Eingaben am Bildschirm herbeigeführt werden.

7.2.2   Das Testsystem

Die Verfügbarkeit der vereinbarten technischen Umgebung (Zielsystem) ist für die Abnahmeprüfung sehr wichtig, weil die Testfälle auf einem anderen System möglicherweise zu abweichenden Ergebnissen führen. Deshalb ist darauf zu achten, daß

- die Maschinen (Hardware)
- die Systemprogramme (System-Software)
- sonstige installierte Programme

des Testsystems den in der Leistungsbeschreibung genannten Voraussetzungen entsprechen (siehe Die technische Umgebung – das Zielsystem).

7.2.3 Erklärung der Bereitschaft zur Abnahme (BzA)

Wenn der Auftragnehmer den Systemtest aus seiner Sicht erfolgreich abgeschlossen hat und auch sonst alle Voraussetzungen erfüllt sind, erklärt er gegenüber seinem Auftraggeber die Bereitschaft zur Abnahmeprüfung (BzA).

Die Voraussetzungen bestehen aus:

1. dem aus Sicht des Auftragnehmers erfogreich abgeschlossenen Systemtest
2. der erfolgreichen Herbeiführung der Funktionsfähigkeit
3. der einvernehmlich erstellten Abnahmeprüfungs-Vereinbarung
4. der Verfügbarkeit aller Testdaten
5. der vertragsgemäßen Verfügbarkeit der technischen Umgebung

Nach BVB-Erstellung, §11 Abnahme beginnt die Funktionsprüfung am ersten Werktag nach der Erklärung der BzA.

7.3 Form und Inhalt der Abnahmeerklärung

Die Abnahmeerklärung durch den Auftraggeber ist schließlich die Krönung aller Bemühungen. Neben der Bezeichnung des Auftraggebers, des Auftragnehmers, der Projekt- und Vertragsbezeichnung, der Nummer und dem Abschlußdatum des Vertrags sollte eine Abnahmeerklärung folgende Angaben enthalten:

> **1. Erklärung, daß die vertraglich vereinbarten Leistungen durch den Auftraggeber abgenommen sind**

2. Datum und Unterschrift(en) der Vertragspartner

3. Anlagen (z.B. Liste der zu diesem Zeitpunkt noch verbleibenden Fehler, die während der Gewährleistung zu beheben sind)

Mit der erfolgreichen Beendigung der Abnahmeprüfungen und der Abnahmeerklärung sind die vertragsgemäßen Leistungen des Auftragnehmers gegenüber dem Auftraggeber erfüllt.

7.4 Einträge im BVB-Erstellungsschein ES 10

Der BVB-Erstellungsschein ES 10 befaßt sich unter anderem mit der Abnahme. Obgleich die Festlegung der Dauer in Kalendertagen für die Abnahmeprüfung zur Vermeidung einer „ewigen" Abnahme eine gewisse Problematik beinhaltet, wird sie hier gefordert und man muß wohl darauf Rücksicht nehmen. Wie eine solche Dauer bestimmt werden kann, hängt natürlich vom Einzelfall ab.

Wenn wir uns hier wieder an die Beispiele aus 7.1.4 halten, wird man davon ausgehen können, daß sich jedes der neu erstellten Programme in etwa zwei bis drei Tagen testen läßt, wenn kontinuierlich daran gearbeitet wird. Daraus ergeben sich die folgenden Einträge:

11. **Abnahme** (§ 11)

11.1 **Art, Umfang und Dauer der Funktionsprüfung der Programme bzw. in sich abgeschlossener Teile der Programme** (§ 11 Nr. 1 Abs. 2 und 3)

Leistungs-gegenstand	Dauer in Kalender-tagen	Art und Umfang	Festlegung von Testfällen und geforderten Testergebnissen	Bereitschaft beim Auftrag-nehmer
siehe 5.7 Logon und Auswahl-menü	2	siehe 7.1 Die Abnahme-prüfungs-Vereinba-rung	siehe 7.1.4 Testfälle für Logon und Auswahl-menü	siehe 7.1.2 Zeiten und Termine während der Abnahmeprü-fung
siehe 5.8 Die Erfassung der Rechnungen	2	siehe 7.1 Die Abnahme-prüfungs-Vereinba-rung	siehe 7.1.4 Testfälle für die Erfassung der Rechnungen	siehe 7.1.2 Zeiten und Termine während der Abnahmeprü-fung

Leistungs-gegenstand	Dauer in Kalender-tagen	Art und Umfang	Festlegung von Testfällen und geforderten Testergebnissen	Bereitschaft beim Auftrag-nehmer
siehe 5.9 Die maschinelle Rechnungs-prüfung	3	siehe 7.1 Die Abnahme-prüfungs-Vereinba-rung	siehe 7.1.4 Testfälle für die maschinelle Rechnungs-prüfung	siehe 7.1.2 Zeiten und Termine während der Abnahmeprü-fung
siehe 5.10 Die manuelle Rechnungs-prüfung	3	siehe 7.1 Die Abnahme-prüfungs-Vereinba-rung	siehe 7.1.4 Testfälle für die manuelle Rechnungs-prüfung	siehe 7.1.2 Zeiten und Termine während der Abnahmeprü-fung

11.2   Frist gemäß § 11 Nr. 6 Abs. 1 Satz 1

Vereinbarung einer gegenüber § 11 Nr. 6 Abs. 1 Satz 1 kürzeren oder längeren Frist als 30 Kalendertage

╳ nein   □   ja, die Frist beträgt   _____   Kalendertage

8   Schlußwort

Wenn Sie mir bis hierher gefolgt sind, haben Sie eine längere Reise durch Listen, Tabellen und Strukturen hinter sich, die alle nur einem einzigen Zweck dienen: der Leistungsbeschreibung für ein erfolgreiches Projekt, das nicht an einer neuzeitlichen Form der babylonischen Sprachverwirrung zugrunde geht.

Um diesem Ziel näher zu kommen, haben wir uns mit den Komponenten beschäftigt, aus denen eine Leistungsbeschreibung gebildet werden kann. Wir haben versucht, diese Komponenten so formal wie möglich zu beschreiben, um keine unterschiedlichen Vorstellungen darüber aufkommen zu lassen, was sie bedeuten und beinhalten. Die Gliederung der Komponenten in der allgemeinen Struktur einer Leistungsbeschreibung ermöglicht nicht nur eine präzise Formulierung der Aufgabenstellung, sondern auch eine Modularisierung, die bei Änderungen des Leistungsumfangs eine leichte Austauschbarkeit und bei den Vorbereitungen zur Abnahme eine einfache und schnelle Zusammenstellung der Testfälle und Testdaten zuläßt.

Doch selbst wer sich an die hier vorgeschlagenen Strukturen nicht halten mag, wird sie bei seiner Arbeit zumindest als Gedankenstützen und Checklisten verwenden können – als Auftraggeber, Anbieter oder Projektleiter.

Aus meiner Erfahrung weiß ich, daß Leistungsbeschreibungen sehr oft unter Zeitdruck entstehen. Da hat der Auftraggeber die erforderlichen Mittel von seinem Vorstand endlich freigegeben bekommen und nun möchte er keine Zeit mehr verlieren. Vielleicht drängt auch ein wichtiger Termin, der nicht verschoben werden kann. Sie werden aber sicher bemerkt haben, daß ich immer wieder zur Eile mit Weile riet, weil der schnellste Weg zur Realisierung eines wichtigen Vorhabens immer über eine sorgfältige Vorbereitung führt.

Ein mir bekannter Manager eines internationalen Chemiekonzerns pflegte seinem Fahrer mitunter zu sagen: „Bitte fahren Sie langsam, ich habe es heute besonders eilig.". Ein Widerspruch? Keineswegs, der Manager meinte das durchaus nicht ironisch, denn er wußte nur zu gut, daß Eile und Hektik die besten Voraussetzungen für spätere Mißhelligkeiten und unnötige Verzögerungen sind. Und die Bergsteiger unter Ihnen kennen wahrscheinlich auch die folgende Warnung an allzu ungeduldig voranstürmende Kameraden: „Lauft nur einstweilen voraus, wir werden dann oben auf euch warten!".

In diesem Sinne wünsche ich allen geduldigen Lesern dieses Buches den allerbesten Erfolg bei der Erstellung von Leistungsbeschreibungen und bei der Durchführung von Abnahmeprüfungen für ihre zukünftigen IT-Anwendungssysteme.

Stichwortverzeichnis